工業革命之父 James Watt

瓦特

最窮困的發明家，最富有的時代創造者

英國著名發明家×工業革命之父

一個人的偉大讓人類邁向偉大，

一雙能工巧匠的手將時代分割新舊，

工業的每一次革新，都是對他的致敬。　　　　　　陳劭芝，胡元斌 編著

以全人類的生活祭奠，以他的名完整生活！

也是蒸汽機的改良者，一手推動工業革命的傳奇──瓦特

目錄

目錄

序

詹姆斯·瓦特（James Watt, 1736 —— 1819），英國著名的發明家，英國工業革命時期重要人物，英國皇家學會會員和法蘭西科學院外籍院士，被稱為「工業革命之父」。

瓦特於 1736 年 1 月 19 日生於英國蘇格蘭的格里諾克鎮。他從小體弱多病，由父母進行了啟蒙教育。

瓦特在父親做工的工廠裡學到許多機械製造知識，15 歲學完了《物理學原理》，並獲得了木工、金屬冶煉和加工等工藝技術方面的豐富知識。

1752 年，瓦特到格拉斯哥的一家鐘錶店當學徒。1753 年，瓦特到倫敦學習數學儀器製造，給莫根當學徒。經過刻苦學習、努力實踐，他已能製造難度較高的象限儀、羅盤、經緯儀等。

1763 年，瓦特到著名的格里諾克大學工作，修理教學儀器。在大學裡他經常和教授們討論理論和技術問題，從他們那裡學到許多科學理論知識。這對他後來的發明工作影響很大。

1781 年，瓦特製造了從兩邊推動活塞的雙動蒸汽機。1785 年，他因改進蒸汽機的重大貢獻，被選為皇家學會會員。

1819 年 8 月 25 日，瓦特在靠近伯明罕的希斯菲德逝世，享年83 歲。

瓦特的主要貢獻是對當時已出現的蒸汽機原始雛形做了一系列的重大改進，發明了單缸單動式和單缸雙動式蒸汽機，提高了蒸汽機的熱效率和運行可靠性，對當時社會生產力的發展做出了傑出貢獻。

　　瓦特所做的第一項重大革新就是增加一個獨立的凝汽室,於1769 年獲得專利權。他還使蒸汽缸與外界絕緣,又於 1782 年發明了雙動蒸汽機。

　　這些發明使蒸汽機的效率至少提高了四倍,實際上,效率的提高意味著一臺華而不實的裝置與一臺有巨大工業價值的機械之間的差別。

　　1781 年,瓦特還發明了一套齒輪,從而使蒸汽機的往復運動變換成為旋轉運動。這套齒輪使蒸汽機的用途增多。瓦特又發明了自動調節蒸汽機運轉速度的離心式調速器、壓力計、計數器、示功器、節流閥以及許多其他儀器。

　　除了改良了蒸汽機,瓦特還發明了氣壓表、汽動錘,以及一種新的透印印刷術,此外瓦特還對油燈進行了改進,發現了一種新的利用望遠鏡測距的方法,改進了蒸汽碾壓機以及沿用至今的機械圖紙著色法。這些都推動了工業革命的進程。

　　瓦特是歷史上最有影響的人物之一,他是一位偉大的天才發明家,他所發明和改良的蒸汽機大大地推動了產業革命的進程,為人類社會進入「蒸汽時代」奠定了扎實的基礎。

　　在瓦特的訃告中,對他發明的蒸汽機有這樣的讚頌:「它武裝了人類,使虛弱無力的雙手變得力大無窮,健全了人類的大腦以處理一切難題。它為機械動力在未來創造奇蹟打下了扎實的基礎,將有助並報償後代的勞動。」

　　為了紀念瓦特在發明和改良蒸汽機方面的突出貢獻,人們將功率和輻射通量的計量單位稱為瓦特,常用符號「W」表示。

喜歡觀察思考的孩子

在英國北部蘇格蘭西海岸，有一條水波蕩漾的河流，叫克萊德河。在克萊德河的河口附近，坐落著一座美麗的城市，叫做格拉斯哥。

格拉斯哥既有便利的航運，又有煤、鐵等礦產資源，所以在很早的時候就發展成為了一座工業重鎮和外貿商埠。

格拉斯哥集中了蘇格蘭一半左右的人口，蘇格蘭歷史上的不少文化名人和政治家、軍事家以及科學家都出生在這個地方，可以說這裡就是一塊地靈人傑的寶地。

從格拉斯哥沿著克萊德河往西走，大概經過三十多公里的路程，便到了河口地區。在克萊德河的南岸，有一座寧靜的小城鎮，它有一個好聽的名字 —— 格里諾克。

格里諾克是一座天然的港口，可以停泊吃水深些的大船，所以很自然地發展成為格拉斯哥市的輔助港口。

格里諾克鎮的居民們，也大都從事著與航海捕魚息息相關的各種生產經營活動。「靠山吃山，靠海吃海」，格里諾克人依靠海港為生，日子倒也過得下去。1736 年的 1 月 19 日，在格里諾克小鎮威廉街的詹姆斯·瓦特家裡，伴隨著一個嬰兒呱呱墜地的啼哭聲，一個新的生命誕生了。知道詹姆斯家裡又有新的生命誕生，鄰居們紛紛前來造訪，七嘴八舌地向孩子的父母道賀。家裡添丁本來是一件極其喜慶的事情，但是這個時候孩子的父親詹姆斯卻苦著一張臉，一副心事重重的樣子。孩子出生的消息很快傳

喜歡觀察思考的孩子

遍了全鎮，鄰居們紛紛議論：「聽說了嗎，詹姆斯家裡又新添了一個小男孩？」

「哦，那是好消息呀！這可是天大的喜事啊！」

「唉！你懂什麼，這哪裡是什麼好事，詹姆斯已經接連夭折了五個孩子了。我昨天去造訪過，看老詹姆斯愁眉苦臉的樣子，估計這個娃娃也活不下來。」

「噢！是呀！我親自去看過那個孩子，恐怕很難養得活呀！那簡直就是一個骷髏，又瘦又小。」

「這孩子可真可憐，希望老天保佑他吧！」鄰居們的太太紛紛議論著，看得出來她們都很同情這個剛剛降生的小小生命。

原來這位造船工人詹姆斯，在過去的幾年中曾經先後生下過五個孩子，但是不知道怎麼回事，這些小生命在出生後不久就都夭折了，這次新添的男孩已經是第六個孩子了。

「孩子，難道你的命運也會和你的哥哥們一樣嗎？」父親詹姆斯凝視著這個眼睛越長越大，但是全身卻瘦得皮包骨的嬰兒，心裡不禁感到一陣陣失望。小孩子的身體虛弱，原因有很多，或許和家族的血統有關係。

就以詹姆斯本人來說，在他們六個兄弟當中，能夠平安長大成人的，只有他和哥哥約翰兩個人。

「不過，孩子他爸，這個孩子看起來比以前那五個孩子要好養得多，這一次不管怎麼樣我都要把他養大。」妻子艾格尼絲不斷地淌著眼淚，緊緊地把這嬰兒抱在懷裡。作為一個母親，她已經連續失去了五個孩子。看著瘦小的嬰兒，她心如刀割，她暗暗下

定了決心，這一次不管付出怎麼樣的代價，也一定要把這個孩子撫養成人。

為了使這個孩子將來能夠和他父親一樣，母親艾格尼絲給孩子起了一個和他父親一模一樣的名字詹姆斯。而為了區分父子倆，大家平時都親暱地管這個孩子叫做傑米。

或許是上天也被這對夫妻的誠心所感動，這個脆弱的生命總算是沒有步他那五個哥哥的後塵，而頑強地活了下來。

在母親的悉心照料下，這個瘦弱的孩子，一天一天地長大了，雖然他的身體還是十分瘦弱，甚至看上去使人害怕一陣風就能夠把他吹倒，但是這個孩子總算是健康地成長起來了。

其實，瓦特的家原來並不是住在格里諾克的。

17 世紀末，在格里諾克的附近，有個名叫卡茲代克的小漁村。有一天，不知道從什麼地方來了一位青年，年紀大約在 30 歲左右，從他的衣著談吐看來，應該是一位有教養的紳士。

「我聽說他是從東海岸的亞伯下來的呢！」

「真可憐！聽說還是個孤兒呢！」

「嗯！據說他的父親是偉大的蒙特羅斯侯爵，那位在和凶暴的荷蘭人作戰的時候不幸陣亡了的英雄，他是英雄的後代。」

「哦！真是怪可憐的，那麼他是做什麼生意的呢？」

「好像是教數學的先生吧！在來我們這個地方以前我看見他在鄰村教孩子們算術呢！」

「哦！那就是一位偉大的學者呀！這可是我們小鎮的第一位學者先生啊！」

喜歡觀察思考的孩子

「是呀！我們小鎮一直很落後，政府也不管我們。現在終於來了一位學者先生了，我們小鎮能不能強大起來，說不定就靠他了呢！」

地方上的人們都這麼談論著。但是，在當時，格里諾克小鎮還只是一個小漁村而已，在這樣一個偏僻的小鎮裡，最常見的職業就是漁夫和船員。

而教師，在整個格里諾克都不常見。若是想以數學教師的身分謀生，實在比較困難。

格里諾克小鎮並不發達，小鎮上僅有一座日照儀，在晴天有太陽的時候才能知道時刻。懸掛在三腳架子上的銅鐘，它的作用僅僅只是召集村民們上教堂以及赴市場趕集。

除了教堂以外，公共建築物只有一座刑務所而已。刑務所的門前，放著許多頭頸枷，以及從西班牙無敵艦隊手中奪來的大砲。這些東西，主要是用來防禦荷蘭人的，因為在當時荷蘭人經常從海的對面沖過來掠奪財物。

格里諾克和卡茲代克的交界處，有一條叫做林格巴恩的小河，上面架設著長板橋。卡茲代克在海岸設有碼頭，和格里諾克相比，顯得稍微繁榮點，事實上相差不了多少。

幸好這位名叫湯瑪斯·瓦特的青年，學識比較淵博，以前在亞伯丁大學求學的時候，除了教習數學以外，還兼教航海術，懂得大量關於航海方面的知識。

所以，湯瑪斯·瓦特一來到卡茲代克這個地方，便教給船員一些初級天文學知識和航海術，讓他們多掌握一些航海方面的知

識。與其說湯瑪斯・瓦特是一位教書的教授，還不如說是這些無知漁民的顧問。在當時的英國，舉國上下皆熱衷於海外貿易，有這樣一位數學先生正是這些漁夫們求之不得的。於是湯瑪斯就在這裡定居下來，並且娶妻生子，又購置了一些田地，過著平靜安定的生活。

湯瑪斯・瓦特是一個忠於職守的人，且做事深謀遠慮，人格高尚，又知識淵博，經常幫助地方上的人們解決一些他們所不懂的問題，所以到了老年他便被地方上的人選舉為教會會議的長老。

當時的蘇格蘭還處在半封建時代，所謂教會會議的長老，其職權就相當於中國古代的縣令，不但負責宗教方面，就連地方上的行政，甚至是裁判和檢察等事情都掌管。

湯瑪斯任職長老期間所做的最重大的一件事情就是創立學校，施行新時代的教育，以當時最為先進的科學知識教育新一代孩子們。湯瑪斯是一個長壽的人，在 70 歲的時候他辭去了長老的公職，最後以 90 歲的高齡逝世。唯一讓湯瑪斯覺得有點遺憾的事情，就是他曾經先後生育了六個孩子，但是撫養長大的卻只有約翰和詹姆斯兩個人而已。

約翰和詹姆斯兩人在父親湯瑪斯去世的時候，都已經長大成人。哥哥約翰與父親一樣，攻讀數學和測量學，然後在格里諾克市開始他的事業。

而弟弟詹姆斯則恰恰相反，他從少年時代就在卡茲代克當造船工人，服務期滿後，他搬遷到格里諾克開始自行開業。經過資產階級大革命洗禮的英國，社會經濟發展的速度很快。

喜歡觀察思考的孩子

　　儘管後來又經歷了王朝復辟，但卻無法阻止歷史潮流的前進，英國新興的資產階級與封建貴族勢力進行了反覆的較量，最後採取了一個妥協的解決方案，英國實行君主立憲制。

　　君主立憲制的特色是國家政權掌握在資產階級手中，但是保留國王或者女王作為國家元首的地位，後來，王室的權限又不斷地受到限制，逐漸變成了象徵性的地位。

　　1707 年，英格蘭和蘇格蘭合併成為大英帝國，腐朽的蘇格蘭終於開始漸漸揭開了它那件陳舊的外衣，進入了一個嶄新的時代。

　　英國議會下令：「從現在起，各海口可自由築港。」

　　地理位置極其優越的格里諾克抓住了歷史發展的契機，馬上開設了碼頭，著手開闢港口。不久，許多船隻都能停靠碼頭，海關的稅收日增，貿易也漸漸趨於繁盛了。它的繁華程度已經遠遠超越了卡茲代克了。

　　1719 年，首次裝載著格里諾克的貨物駛往美洲殖民地的船，就是從這個新港口出發的。

　　因此，年輕的詹姆斯從卡茲代克遷到格里諾克，從事造船事業，可以說非常具有先見之明。

　　父親湯瑪斯一死，詹姆斯和哥哥約翰平分了父親的遺產，之後他便在威廉街買了一棟房子。

　　設在同一處所的工廠裡，製造了許多家具、船具、椅子、桌子、桶等各種的東西，倉庫裡面也堆滿了滑車、抽水機、炮架，以及船上所使用的東西。

雖然詹姆斯只不過是個「數學先生」的兒子，事實上他卻不是一個僅僅知道斧刨的普通木匠。他曾經自誇地說：「哦！看啊，在格里諾克港口的那架起重機，是我造的呢！」

　　這樣一來，詹姆斯工廠裡的生意一天一天地忙碌起來，伴隨著他個人財富的增加，社會地位也日益提高，終於被選為鎮議員，他的生活已經十分寬裕。

　　但是與他的父親如出一轍，詹姆斯唯一的缺憾就是生下來的孩子，沒有一個養得活，一個個都相繼夭折了。

　　第六個孩子瓦特，雖然保住了性命，可是他的身體卻使得父母為之操心不已。

　　瓦特的母親艾格尼絲在格里諾克這樣的小鎮很少見，她出身望族，有著良好的家世與教養，是一個遠近馳名的大美人。不管是操勞家務還是下田工作，樣樣出色。

　　附近的人看見艾格尼絲，都紛紛羨慕地說：「詹姆斯這傢伙，也不知道哪世修來的好福氣，娶了這麼一位漂亮的太太。」

　　也曾經有鄰居悄悄問艾格尼絲怎麼會嫁給詹姆斯，每到這個時候艾格尼絲總是會露出一個幸福的笑容，看著來人，但是卻從來不會說出兩人的姻緣。

　　艾格尼絲從不以她本家的名望為榮，只是專心致志地幫助一心經商的丈夫，照管家事和養育孩子。

　　夫妻和睦相處，生活得十分美滿。尤其是生下小瓦特以後，夫妻更是相親相愛，同心協力地養育著這個心肝寶貝。

　　一天，詹姆斯下工回家。他還沒進門，就一邊抹著滿臉的汗

珠，一邊高聲地喊起來：「喂！我的寶貝呢？」

聽到這親切的呼喊，艾格尼絲在屋裡故意沒有回答，她要跟他開個玩笑。

「我的寶貝呢？他在哪裡？艾格尼絲，你在哪裡？」詹姆斯有點著急。他風風火火地跑了進來。

「看你急的，他在這裡！」艾格尼絲的目的達到了，她迎了出來，文靜地向丈夫眨眨笑吟吟的眼睛，責怪道：「看你這麼大聲，不能小聲點嗎？」

「哦！」詹姆斯立即放低了聲音，在艾格尼絲面前，他永遠像個僕人，他太愛她了。艾格尼絲下嫁給他這樣一個普普通通的工人，使他很有受寵若驚的感覺。

詹姆斯不但聲音放低了，他走路的腳步也放輕了，他一面接過妻子遞給他的毛巾揩著汗，一面細聲細語地問艾格尼絲：「他睡著了嗎？」

「嗯！睡著了。」艾格尼絲很心疼自己的丈夫，自結婚後，她就沒有再出去工作，全是詹姆斯賺錢養家。

雖然小瓦特的外公很有錢，但艾格尼絲也不向他伸手，她和詹姆斯要用自己的雙手共同創造美好生活。

詹姆斯走到兒子的小床邊，情不自禁地想吻吻兒子的小臉蛋。自從做了爸爸後，他突然覺得自己真正長大了，真正成熟了，真正是個標準的男子漢大丈夫了。

但是隨著小瓦特的出生，他覺得自己肩上的責任更重了，「爸爸」這個詞，從某種意義上講，它只代表著義務，而沒有權利。

別的不說，僅小孩的開銷，就抵他和艾格尼絲兩個人的開銷，真是養兒才知父母恩呀！

詹姆斯慢慢地把頭探下去，沒有觸到小瓦特的額頭，艾格尼絲的手已經伸過來了，她擋住了他的嘴巴：「他剛剛睡著，你又要把他弄醒？」

詹姆斯沒有說什麼，他只是笑了笑，呆呆地望著兒子出神。

小瓦特的臉蛋白白的，瘦瘦的，為數不多的稀疏的頭髮緊緊貼在頭皮上，大大的眼睛，凸得高高的腦門，詹姆斯心中暗暗嘆氣。

艾格尼絲懂得丈夫的心思，她不無憂愁地說：「他成天不想吃東西，三天兩頭地生病，怎麼能不瘦呢？」

「不要緊，不要緊。」詹姆斯既像是安慰自己，又像是在安慰妻子說：「孩子還小呢！年齡小就比較嬌嫩，抵抗疾病的能力差，等他慢慢長大了，身體就會壯得像頭小馬駒似的。」

艾格尼絲知道詹姆斯在安慰她，她沒有說話，只是苦笑了一下。

「你不信？」詹姆斯一本正經地說，「我小時候，也常生病，也是瘦瘦的，不愛吃飯，整天只想睡覺。可是你看現在……」

說著他一下子把自己的臂膀伸給她看：「你看，這臂膀多麼結實！我敢保證，我們的小子，將來，一定比我還強壯！」

可是隨著小瓦特的漸漸長大，他的身體沒有像詹姆斯預言的那樣，仍是如以前一樣又瘦又弱。

艾格尼絲感到很奇怪，忙請了幾個醫生給他檢查。醫生說這

喜歡觀察思考的孩子

孩子先天不足，後天調養也很困難。艾格尼絲沒有辦法了，只好盡心地撫養小瓦特。

艾格尼絲唯一的寶貝兒子就是瓦特，這個動不動就發燒的小男孩，在她心目中，無異於一個容易破碎的小碟子，必須小心翼翼地好好看護。

瓦特在稍稍懂事以後，變得整天離不開母親身邊，有點怕見生人，不像其他的孩子那樣終日在外面嬉戲玩耍。不過如果他看見自己心愛的玩具的話，卻又能獨自一個人玩上半天。

為了照顧這個寂寞的孩子，心疼孩子的母親不得不時常放下手邊的工作，陪他在床上畫畫。

時間過得飛快，眨眼間瓦特就到了該入學的年齡，其他的小孩子都開開心心地上學去了，但是瓦特因為體弱，父母不忍心讓他冒著風雨去上學。因此他依舊待在家裡，由母親教他讀書寫字，父親教他書法或算術。有一天，愛德森先生到瓦特家拜訪，無意中看見瓦特一個人蹲在火爐邊玩耍。愛德森先生走近瓦特身旁，看看他到底在做些什麼。原來，小瓦特並不是像愛德森想像中的那樣在玩耍，而是在握著有色的粉筆，像模像樣地在紙上畫著三角形、圓形、直線等圖形。這哪裡是在玩耍，分明像是在做幾何學的圖。原來，小小年紀的瓦特已經在思考複雜難懂的歐幾里得幾何學問題了。愛德森先生覺得有點難以置信，但是，瓦特所畫的圖形，的確不能說是沒有意義的。

「瓦特！」愛德森先生有點不相信，於是就指著其中的一個圖問：「瓦特，你畫的這個是什麼呀？」

「等邊三角形呀！」

「這個呢？」

「這是一個正方形。」瓦特把他所知道的一一回答了客人，而這時候的瓦特才 6 歲。有一天，媽媽在廚房燒水，她吩咐瓦特說道：「瓦特，廚房的水你去看一下，如果開了就告訴媽媽。」

小瓦特很聽話地走進廚房，看見水壺不斷地冒泡，他立即被吸引住了。瓦特趕忙站在爐子跟前，聽見水壺「咕咕」地開始唱歌了。小瓦特在矮凳上坐下來，把耳朵貼近水壺去聽，水壺裡面好像藏了個小樂隊似的，裡面發出了很奇妙的聲音。

小瓦特雙手托著腮幫，靜靜地聽著水壺裡面的演奏，「嗚嗚」「嘟嘟」，聲音逐漸高了起來，沒多久，聲音更響了，「噗噗」、「咯咯」，彷彿還有敲銅鼓的聲音。

一會兒，聲音又嘈雜得好像有十幾個人在吵架似的，小瓦特聽呆了。又過了一會兒，聲響慢慢地低下來了。之後，壺嘴裡就開始噴出一團一團白霧，不一會兒又變成一蓬一蓬的濃霧，同時水壺的蓋子突然動了一下，剛剛恢復原狀，蓋子又被掀了起來。每掀一次，水壺就吐出一抹霧氣，同時還發出「嘶嘶」的聲音。

這到底是怎麼回事呢？水壺裡的水怎麼變成白霧了呢？小瓦特陷入了深深的思考。這時候，水壺蓋子被掀得一次比一次高了，每次落下時壺裡面都會發出「咕嘟」一聲，太有趣了。

小瓦特想，這是一把大水壺，蓋子相當重，為什麼壺裡面的開水會有這麼大的氣力呢？

這時水蒸氣更起勁地一次又一次衝起蓋子，水壺裡面真像有

喜歡觀察思考的孩子

幾隻調皮的小白貓在搗蛋一樣，它們一次又一次地想從裡面衝出來，壺蓋子卻一次又一次地把它們按回去，真是有趣極了。

水蒸氣能夠沖開壺蓋子，這裡面一定有道理。小瓦特出神地望著水壺蓋子，默默地沉思著。

「瓦特，瓦特！」媽媽在喊他，可是小瓦特沒有聽到。

媽媽覺得奇怪了，已經過去好幾十分鐘了，水早該開了，怎麼不見瓦特回來呢？媽媽趕緊跑到廚房裡去。她到廚房一看，見瓦特托著腮，坐在火爐那裡沉思呢！

「瓦特，你怎麼了？水燒開了沒有？」

這時，小瓦特才從媽媽的問話中回過神來，忙說：「水已經開了！」

「那你怎麼不來叫媽媽呢？」

「這……這……我在想問題。」

「你在想什麼呀？」

爸爸詹姆斯也以為是出了什麼事，趕到廚房裡來看個究竟。

「我在想水蒸氣怎麼能把壺蓋子衝起來呢？爸爸，你說這是為什麼呀？」

「可能是壺蓋子沒有蓋緊吧！」媽媽想了一下說：「我知道了，可能是水蒸氣的緣故吧！」

「對，對，媽媽您說說，水蒸氣為什麼能夠推動一小球，還能沖開水壺蓋子呢？」

爸爸提了水壺去沖咖啡。媽媽想了一想，拉著小瓦特一邊走一邊說：「水一經加熱到沸騰後，就變成了水蒸氣，水蒸氣膨脹會產生一股力，所以它能夠推動小球，也能夠沖開水壺蓋子。」

「要是水壺超級大，水蒸氣的力量是不是就更大了呢？」

「我想應該是這樣！」

「太棒了，媽媽！」小瓦特高興得一把抱住了媽媽。

從小立志做個發明家

有一天，爸爸對瓦特說道：「瓦特，下個星期日我們去你姨媽家裡做客。」

這下可把小瓦特給高興壞了，他非常喜歡姨媽。在兩年前的同一個季節，也是生機盎然，春暖花開，小瓦特曾經跟媽媽去過一次姨媽家。

小瓦特仍然清楚地記得，在離姨媽家不遠的一大片田野裡，長滿了紫雲英。春天裡，繁花盛開，那裡簡直就像個大花園。在村邊的灌木林裡，小鳥成天嘰嘰喳喳地鬧騰個沒完沒了，就像整天都有說不完的話似的。當小瓦特想抓一隻鳥來玩玩時，他雖然躡手躡腳盡量不發出聲音，可聰明的鳥兒還是「撲」的一聲，全部機警地飛走了。吸引小瓦特的還有農家飼養的牛羊、鵝鴨，它們吃草、吃菜、戲水的樣子，小瓦特覺得這些簡直太好玩了。小瓦特還記得上次他跟媽媽去姨媽家的時候太陽特別暖和。在村子朝南的空地上，十幾個阿姨和奶奶正在那裡紡紗。她們每人守著一輛小紡車，手一搖，「嗚嗡、嗚嗡」的紡車聲便響了起來，好像有成群結隊的蜜蜂在她們身邊飛來飛去，雪白雪白的棉紗彷彿變魔術似的從她們的手指頭上吐出來。

小瓦特聽媽媽說，現在人們的紡紗技術太落後了，人們辛辛苦苦地工作一天，也做不出多少。

聽說有個什麼地方發明了一種新的紡車，能同時紡出 20 根

紗，一個人的工作就可以抵上她們 20 個人做的工作，小瓦特第一次聽媽媽說有這麼神奇的事。

「瓦特，我不得不遺憾地告訴你，今天我們不能去你姨媽家了。」星期日早上，爸爸一臉遺憾地對瓦特說道。

「為什麼呢，爸爸？」

「你姨媽那邊發生暴亂了，現在那邊不是很安定。」

雖然暫時去不成姨媽家，但是小瓦特還是滿心嚮往，不光為了那兒有遍布田野的鮮花、快樂的小鳥、農家的牛羊鵝鴨，還有阿姨和奶奶紡紗這些好看好玩的東西。

還有一個更吸引他的地方，就是姨媽那兒有一位小夥伴 —— 姨媽的小女兒，比他小幾歲的表妹瑪格麗特·米勒。

小表妹長得像小蝴蝶一樣好看。姨媽雖說樣子像個大冬瓜，可米勒卻跟她媽媽不一樣，她臉蛋又白又嫩，一雙眼睛跟玩具娃娃的眼睛似的，特別是她那一頭金髮，披在肩上，在陽光下閃爍耀眼，簡直是太美了。

小瓦特很喜歡他的小表妹。小表妹對瓦特也特別好。她從來都不像其他同學那樣嘲笑他、捉弄他。不過表妹的功課成績不太好，尤其是數學，連乘法口訣都記不住。

那時小瓦特跟媽媽去她家的時候，雖然瓦特自己還沒有上學，可是對數學已經不陌生了。無論是加減乘除，他都做得又快又準確。因此他耐心地幫助表妹補習數學。

小瓦特不但數學好，就是別的科目也成績優秀，凡是表妹問他的問題，他沒有一個是答不出的。所以在表妹眼裡，小瓦特簡

直是個小博士，對他非常欽佩。

跟表妹在一起，小瓦特也感到非常開心，只要他一看見米勒，就簡直像換了個人似的。

正當小瓦特為了不能去姨媽家感到特別難過的時候，送信的叔叔給他帶來了一個意外的好消息。媽媽接到了姨媽的來信，說在這個星期日，姨媽和表妹要來看望他們呢！

聽到這個消息，小瓦特高興壞了。星期日終於來到了，小瓦特和爸爸一樣早早就從床上爬起來。

爸爸讓他到院子裡走走，呼吸呼吸新鮮的空氣。小瓦特的頭痛病很多天沒有發作了，為此爸爸媽媽都很高興。醫生告訴他們，要讓小瓦特加強鍛鍊，增強體質，對根治頭痛病會有好處的。

可是對於小瓦特來說，出來散散步還行，要做別的鍛鍊動作，他就不願意了。他寧可靠在窗口，望望院子裡的那棵梧桐樹，讓思想像放飛的鴿子，從梧桐樹枝上騰躍出去，飛得很遠很遠。

吃過早飯，小瓦特就跑到門口張望了好幾次，他心裡有點著急，心裡嘀咕著，姨媽和妹妹怎麼還不到呢？忽然他想到一道數學題，老師說如果會用幾何的方法去解，就非常方便了。

對於幾何，小瓦特在媽媽和爸爸的指點下，已經多少懂了一些，但還懂得不多。他從爸爸工廠裡的幾位工人師傅那裡了解到，做什麼儀器都離不開數學，特別是幾何。所以他下決心要把幾何學好。小瓦特一想到這裡，就不再等了，忙鑽進書房。姨媽和表妹來到後沒有看見小瓦特。

她們看到正在張羅著午飯的小瓦特的爸爸和媽媽，就問道：

「瓦特呢？到哪兒去了？」

「他不是在門口等你們嗎？」

「沒有啊！」表妹又跑到門口看了看，「門口也沒有。」

「不在門口嗎？那他是不是在院子裡呢？」

「也沒有。」

媽媽心裡也感到奇怪：「早上一起床，就在說要見你們了。這孩子，大概又鑽到書房去了。」瑪格麗特忙到書房裡去。她敲了敲門，「瓦特！瓦特！」裡面沒人答應。

「我說哪會有這麼傻的孩子，這麼好的天氣，會把自己關在書房裡做功課。」姨媽嘴裡嘀咕著，也走過來，隨手就把門推開了。

「表哥！」小表妹瑪格麗特眼尖，一眼就看到了蹲在地上的小瓦特。

「瓦特！」姨媽也喊起來。

「姨媽，表妹，妳們好！」小瓦特見她們走進書房，連忙向她們問好。但他仍然蹲著，拿著支粉筆，埋頭在地板上畫著、寫著。瑪格麗特看到瓦特，連忙甩開媽媽的手，奔到表哥跟前，也蹲下來，看著他寫。姨媽走近小瓦特身邊一看，只見他在地板上亂七八糟地畫了些三角形和圓圈什麼的，就很不以為然地說：「瓦特，你在幹什麼呀？乾乾淨淨的地板，弄得這麼髒，你怎麼這樣！」

小瓦特看看表妹，見她打扮得非常漂亮，金色頭髮上綁了兩只天藍色的蝴蝶結，更像大蝴蝶了。他聽到姨媽的責備，向表妹擠擠眼，兩個人會意地笑笑。小瓦特又埋頭在地板上寫起來。

從小立志做個發明家

這時媽媽一聽書房的說話聲也到書房來了，姨媽轉身對她說：「你看看小瓦特，還說在書房裡做功課學習呢！你看看，他在幹嘛！地板上讓他塗得這麼髒，這次又夠擦半天的了。」

媽媽走過來看了看，她一看就知道是怎麼回事了，所以沒有說話。瑪格麗特忍不住了，嚷起來：

「媽媽，妳在說什麼？表哥他在做數學題！」

媽媽也告訴姨媽說：「瑪格麗特說得對，瓦特在做數學題，他每天都這樣。對他來說，地板就是蠻不錯的大黑板。」小瓦特和表妹聽了都笑了起來。

「幹嘛盡做些數學題？多學點語文，不是更有用處嗎？」姨媽望著小瓦特說，「你還真的想當發明家呀？」

「姐姐，孩子喜歡學習，如果他真能成為一個發明家，又有什麼不好呢！」瓦特的媽媽挽著姨媽的手臂走出了書房。

「哎！你們何必讓孩子受那份罪呢？跟他爸爸一樣，學點實用的技術，不是很好嘛！」

「他爸爸有什麼出息！什麼都做，一事無成。」

「當個發明家就一切順利啦？」姨媽感到好笑地說，「十多年前，不是有個叫約翰·凱的人發明了飛梭嗎？織起布來比以前快多了，真虧他挖空心思！可是，一些工廠採用了以後，鬧翻天了。科爾切斯特的工人們都聯合起來控告這個約翰·凱。」

「為什麼要控告他？他創造發明又沒犯法！」

「對勞工們來說，這可是比犯法還要嚴重哩！」姨媽說，「勞工們控告他搶了他們的飯碗。用了飛梭，一個人能做完十幾個人的工作，許多勞工不就要失業了嗎？」

「這也是。」

「後來這個約翰‧凱逃到利茲去，那裡不但勞工們恨他，連製造商也對他不滿，說他使用費要得太多了。人家是聯合起來跟他鬥，光是訴訟費，就夠他受的了！」

「事實上，許多工廠不都在採用飛梭織布了嗎？」

「就因為約翰‧凱這個人用雞蛋碰石頭，所以失敗了，現在無容身之所。」姨媽仍堅持自己的觀點。這時詹姆斯也加入了她們討論的行列，他很贊同姨媽的看法。

「我也聽說過，這個約翰‧凱離開曼徹斯特逃走的時候，還是藏在一袋羊毛裡的呢！」

「哎！就是這麼個發明家，後來只好登船逃到法國去了。」姨媽心想妹夫的腦子也許清爽些，便對他說：「你可別讓我的小外甥去當發明家呀！」詹姆斯聽了這話，便不言語了，他知道自己無權干涉瓦特自己的選擇。

小瓦特也聽見了大人們的談話，但是並不認同姨媽的觀點。小瓦特的兩隻眼睛眨得亮亮的，在他心中，暗暗下定了決心，一定要做一個偉大的發明家！

勤於動手實踐的少年

兩年的時間很快就過去了，雖然瓦特身體還不十分強壯，但比過去好多了，至少比起出生的時候好多了。於是，媽媽決定送他去上學了。

在學校裡的所有孩子中，瓦特始終是身體最弱的一個。或許是由於身體比較瘦弱的原因，瓦特的性格有些靦腆，幾乎從來不敢大聲和人說話。他還時常被淘氣的小朋友們捉弄哭了，可是從學校跑回家後，又從來都不敢和媽媽說起在學校裡被同學們欺負的事。

瓦特也從來沒有和那些頑皮的孩子們一起玩過遊戲，更別說在沙灘上奔跑或者拋石頭了，他甚至連與他們玩遊戲的念頭也不曾有過。在老師和同學們的眼中，瓦特是一個異常孤獨的孩子。

不單單是調皮的男生們喜歡欺負瓦特，甚至連女孩子們也都習慣性地嘲笑他。但是生性懦弱的瓦特還是一貫地躲避，從來不敢正面回應他們。

也許是由於身體瘦弱並經常請假的關係，瓦特的功課經常被耽誤，老是跟不上別人。

瓦特也從來沒有取得好成績的自信，因為即使他有不明白的地方，他也沒有向老師發問的勇氣。直到 13 歲的時候，瓦特從小學升到中學讀初中，升入文法學校的數學組時，他才漸漸顯露出自己的才能來。瓦特所在班級的數學先生名叫約翰·馬爾，他精通歐幾里得幾何學，堪稱是幾何方面的專家。這位數學先生總

是對瓦特稱讚不絕：「這孩子是數學天才，頭腦不凡。」

「這可能是來自於他那位偉大的祖父湯瑪斯‧瓦特的遺傳吧！」

「這孩子將來一定能成就一番偉業！」

「這孩子是一個天生的數學家！」類似這樣的稱讚之辭總是從這位數學先生的嘴中頻頻說出。可以明顯看出，他對瓦特是發自內心的喜愛。瓦特在這位數學先生的用心教導下，很用功地念了兩年數學。那個時候他的數學成績在班級裡總是第一名，數學先生也總是鼓勵瓦特要「百尺竿頭，更進一步」，以便將來讀大學，學工程學科知識，成為一個對社會有用的人物。由於瓦特學業成績優異，他特別能引起老師注意，各位老師看到他這樣好學，也都樂意跟他交談。

可是，瓦特的體育老師卻不喜歡他。因為他在上體育課時老是心不在焉，並且各個體育項目他都做不好。體育老師看到他這種狀態也很著急，常常勸他好好鍛鍊身體，可是瓦特對他的話就是聽不進去。

體育老師把瓦特的事對其他老師講了，其他老師課後也盡量避開瓦特，好讓他利用課餘時間去活動活動。可是瓦特仍然不想出去活動，就獨自坐在教室裡沉思。

因為他總是這樣，既不愛活動，也不合群，同學們也不太願意接觸他，而且還給他起了個難聽的外號——「神經質的呆子」。

在資本主義經濟蓬勃發展的英國，由於社會的急遽變革和各方利益的調整，當時的社會秩序顯得比較混亂，社會治安狀況則尤其讓人擔憂。

勤於動手實踐的少年

　　社會的不安定讓瓦特的父母對孩子特別不放心，除了上學，他們不允許瓦特隨意外出。好在瓦特的性格也比較內向，除了去學校讀書外，哪兒也不去。他放學一回到家裡，就把所有的時間都消磨在父親的工廠裡面。

　　父親的工廠裡，除了人家定做的各種船上用具之外，還有許多裝飾船頭用的雕刻物、炮架、滑車、郵筒、車床，零零碎碎地堆滿了各個角落。

　　東西又雜，廠房又小，所以工廠裡簡直混亂不堪。但這裡卻是瓦特從學走路開始，經常玩耍的地方。

　　瓦特第一次來到爸爸的工廠，很高興。幾位工人師傅正在認真地工作，他們看到小瓦特，都向他笑笑，和他打招呼。

　　小瓦特看到各種的航海儀器，手就癢癢起來，每一樣他都感到很好奇，都想去摸一摸。

　　尤其是那些精巧的模型，就像是大玩具一樣，完全把小瓦特迷住了。他捧起這個看看，又捧起那個看看，恨不得把它們拆開來，看個究竟。

　　有位工人師傅看到小瓦特真要動手拆，急忙跑過來，一面伸手從小瓦特手裡把模型拿去，一面笑著說：「小朋友，你想看看裡面什麼樣子是不是？讓我拆開來給你看好不好？」

　　「好，好！」小瓦特感激地望著他。

　　「小朋友，你叫什麼名字呀？」工人師傅很喜歡這個頑皮的孩子，他一邊拆一邊跟他談起來。

　　「詹姆斯‧瓦特！」

「這名字真好。你幾歲了？」

「11 歲。」瓦特說。

「呵！你 11 歲了，我怎麼看不出來呢！你最多只有七八歲。」那個工人師傅邊打量他邊說。

「你看他這麼瘦，臉色也不好。」另一個年輕工人說。

幾個工人圍上來，「是不是你爸爸媽媽不捨得給你吃飯呀？」他們逗小瓦特玩。

小瓦特無心回答他們的問話，眼睛直盯著那個工人師傅的手，要他趕快拆模型。

這時，那個工人師傅已經把模型拆開了。小瓦特看得那麼仔細，還用小指頭比量著長短寬窄，後來他索性把模型從工人師傅手中取了過來，不停地看著、擺弄著，愛不釋手。

「這可不是玩具，小瓦特！」爸爸詹姆斯說。

「我知道！」小瓦特覺得他小看了自己，不以為然地說，「我當裡面挺複雜的呢，原來也不過如此！」

「呀！小小年紀，口氣倒真不小呢！」工人師傅驚訝地望著他說，「做起來可不簡單哩！你可知道這上面要用到數學計算，尤其是幾何原理嗎？要有一定的角度、一定的尺寸，學問可大啦！」

小瓦特不服氣，向他白了白眼睛，說道：「你別小看人。」

這可不是小瓦特自負，他平時在媽媽爸爸的輔導下，語文、數學，尤其是幾何、三角，最簡單的知識，他都已懂了一些。要說程度，就是四年級學生，怕也比不上他呢！

勤於動手實踐的少年

「小瓦特，你要想學做模型，那就拜他為師吧！」
那個年輕的工人說。

「怎麼樣？嗯？」工人師傅笑瞇瞇地看著他。

小瓦特眼珠骨碌碌地轉了轉，想了個主意說：「你肯把這模型送給我，我就拜你為師。」

「這……這……」

沒等工人師傅答應，小瓦特已經抱著儀器模型跑了出去。詹姆斯大聲喊他，他也當作沒聽見。

回到家後，小瓦特躲在他的那個小房間裡，擺弄那小儀器模型。他對儀器簡直著迷了。

這天晚上，小瓦特又自己悶在那小房間裡，擺弄小儀器玩。可是他剛把儀器拆開，頭就像針灸一樣地疼痛起來。他雙手抱住腦袋，發出淒厲的呻吟，大顆大顆的汗珠從他手指縫裡沁了出來。

爸爸媽媽聽到小瓦特的呻吟聲，急忙跑了進來。詹姆斯趕緊去取備用藥，媽媽忙著去倒開水。他們對孩子的病，感到無計可施。

小瓦特難受極了，他雖然也時常刻意參加一些體育活動，可由於他先天性的體質差，怎麼鍛鍊效果也不明顯。小瓦特背靠在沙發上，把去痛片和著淚水吞了下去，他閉上眼睛靜靜地靠著媽媽休息。

不到一刻鐘，小瓦特的頭痛緩解了。但是，這只是暫時的辦法，病根子卻依然存在，隨時可能發作。

這種病，許多年來都治不了根，讓小瓦特受盡折磨，確實叫父母憂心忡忡。

「唉！瓦特這孩子，叫他少動些腦筋，就是不聽！」詹姆斯嘆息地說。

「不動腦筋，也不是根治的辦法。」還是媽媽最了解兒子，「人就是那麼奇怪，有時候你要想少動些腦筋，好好休息一下，可是事實上反而動得更多。」

這話說到小瓦特心裡了。此刻，小瓦特的頭痛剛剛緩解一些了，他的腦子卻又像陀螺一樣地旋轉起來。他想到了那個航海儀器模型，想到了幾何、三角，也想到了書房裡的那些數學書、物理書和畫報、圖片等。

當然，對於那些書，小瓦特由於現在認識的字還很少，還看不懂裡面所有的內容，可是他就是喜歡去翻那些書。這兩天小瓦特幾乎把大部分時間都花在書房裡了，他對書中的那些圖片特別感興趣。

幾何書上那些三角形、四邊形、圓形等，他都看得格外開心，雖然他也看不太懂。他認識的字太少了，如果能多認識幾個字，那對他來說，真是如虎添翼。

瓦特的小房間裡還有一本叫《氣學》的書，那是詹姆斯送給小瓦特的生日禮物。書中的插圖，小瓦特都看了好幾遍了。其中有一張圖，畫的是一個像漏斗的東西，一些人在那裡擺弄。自從第一次到了父親的工廠以後，小瓦特就喜歡上了那裡，以後只要下課，除了回家就是待在父親的工廠中。

勤於動手實踐的少年

「瓦特！危險啊！快走開！」父親一看到小兒子在機械四周走來走去的時候，總是把他抱開。

可是不久他又跑回來，把木屑或碎板之類的當成玩具，一玩起來就不停。後來，小瓦特竟敢趁父親不注意的當兒，私自從工具箱子裡拿出鑿子或小刀子來玩了。

「是誰這麼頑皮？」父親惱怒地問。

當父親知道這是瓦特做的，就說：「好吧，把這個給你吧！但以後絕對不許再拿大人用的工具了，知道嗎？」

父親沒有辦法，只得把那個小工具箱給了瓦特。瓦特有了這些東西，馬上就像工人那樣，很熟練地使用起這些工具來。

有一天，瓦特把父親的工具箱蓋子敲下來，用來做一艘船。瓦特做的這艘船很有水準。母親艾格尼絲看看工具箱，又看看船，連一句責備的話都沒有說。

等詹姆斯一來，艾格尼絲就說：「你快看看你兒子造的船吧！妙極了！」

詹姆斯拿起小船，橫看豎看，心裡有些疑惑，看看小瓦特又看看妻子，不大相信地問瓦特：

「這是你自己做的嗎？」瓦特沒有馬上次答，他心裡忐忑不安，怕爸爸責備他。

「怎麼不是？！就是他做的，我看見的。」媽媽證明著。

小瓦特也怯生生地說：「是我自己做的。不過，爸爸，您別罵我。我把您的工具箱敲壞了，對不起！」

「沒關係。」詹姆斯高興了，「工具箱壞就壞了，別說只不過

一個蓋子，就是敲壞了十個、百個，也算不了什麼！」

他說著，就一把把小瓦特抱了起來，高高舉過頭頂，同時讚不絕口地說：「好兒子，你做的這艘船太好了。不錯不錯，是個好小子，是我詹姆斯的好兒子。今後只要你想做，就儘管做。」

艾格尼絲高興地看著他們父子倆，她從丈夫讚許的聲音中好像也看到了孩子的未來。

「哼！瓦特將來一定比你強，」艾格尼絲自豪地說。

吃晚飯的時候，詹姆斯向瓦特講了有關牛頓的故事。

「牛頓跟你一般大的時候，也喜歡做小玩具。有一次他做了個小水車，拿到溪邊一試，運轉得不錯。可是有個小傢伙對他非常嫉妒，竟故意跟牛頓作對，他不僅把小水車砸了個稀巴爛，還在牛頓的腰窩上踹了一腳。

「有些同學也趁勢起鬨，叫牛頓『笨蛋』、『蠢木匠』。牛頓平時很溫順，從不跟別人吵架，可是這回，卻也發火了，他沖上去，『噼噼啪啪』地一陣打，最後把搗蛋鬼打倒在地了。」

詹姆斯講得有聲有色，小瓦特聽得笑彎了腰。小瓦特知道牛頓是上一個世紀的大科學家，牛頓小時候怎樣勤奮學習，長大了怎樣創造發明成為一個偉大的科學家的一些事，小瓦特早就聽爸爸媽媽講過好多遍了，可是牛頓跟人打架的故事，這還是第一次聽爸爸說起。

在這個工人家庭裡，物理學家牛頓和數學家內皮爾的畫像，已經掛在牆上好些年了。在小瓦特的心裡，這兩位大人物，早已不是陌生的客人，而是他暗暗下定決心要學習的榜樣。

勤於動手實踐的少年

　　吃過晚飯，小瓦特又站在牛頓的畫像面前，默默地望著出神。他要像他們一樣，也要做個偉大的科學家。

　　有了在工廠裡學習的經驗，瓦特進數學班以後，即便是沒有老師的教導，也能很熟練地使用圓規或定規，製出精美的模型。

　　廠裡的頂樓上，七零八落地堆置著起重機、手風琴以及各種罕見的機器模型，這些都是瓦特的父親詹姆斯製造的。

　　瓦特每次來到頂樓，就好比進了一處藏寶庫似的。他總是東看看西看看，睜著一雙好奇的大眼睛，不斷地在這些模型中搜尋著。

　　有一天下班以後，工人們都回去了，可是工廠內卻隱隱約約傳來了敲敲打打的聲音。

　　「咦，這是怎麼回事？」父親悄悄地把工廠的門打開一看，光線微明的窗口邊，瓦特正彎下身子，蹲在工作臺上工作。這個發現讓父親為之愕然，瓦特不知道什麼時候學來的功夫，竟然趴在工作臺上熟練地操作，看他的一切動作都像個熟練的工人。

　　「瓦特！」父親衝著瓦特喊道。

　　「哦！是爸爸！」

　　「你在做什麼，瓦特？這麼晚了還不回家去。」

　　「哦！爸爸，這個，這是爸爸的起重機。」瓦特說著就笑了起來。原來瓦特看見爸爸的起重機後覺得很感興趣，在學著做爸爸用來安置在碼頭上的起重機呢！

　　「嗯！瓦特，你真棒，做得真不錯，不過這個地方應當這樣。」

父親也加入了他的工作，並且教他如何使用捲尺，最後還親自動手做些比較難的細緻工作給他看。這樣一來，在不知不覺中，廠房裡的架子上，上自起重機，下至小小的滑車以及捲鐵錨的機器等的模型，瓦特都能做出來了。

　　「瓦特少爺的兩隻手真巧啊！」工人們也都很稱讚小瓦特。父親當然也非常高興，為此，他還特地為自己的兒子準備了一個專用的工作臺。

　　「瓦特已經有資格當一名正式的工人了。」父親得意揚揚地說，但是母親卻有點不放心地說：「這樣怎麼行！瓦特的身體從小就不好，這麼早就開始做工，會把身體弄壞的。」所以，母親時常藉著吃飯或吃點心的時機，把瓦特叫回房間來。

　　不然的話，他會整天泡在工廠裡的。瓦特雖說生來就膽小，害怕見生人，可是，他卻具有「對一件事物一旦感興趣，就非把它完成不可」的倔強特質。

　　當他一個人坐在安樂椅上發愣時，如果有人從後面叫他或和他說笑，他也許會回過頭來和你搭訕一下。要是遇到他正在沉思著什麼問題的時候，那他就連頭都不會回了。

　　顯然他一向安靜沉默，但碰到他高興的時候，說起話來倒也滔滔不絕。而且他說話的樣子很生動，並具有一種吸引人的神祕力量。他喜歡看各種書，有時還會照書上說的去實踐。瓦特14歲的時候，曾一度移居到格里諾克休養。哪知道才去了3天，他的親戚就給他的母親來了一封信。信上這樣寫著：

勤於動手實踐的少年

請把瓦特接回去吧！他在這裡，弄得我們太過於興奮，實在受不了。

內人由於睡不好的關係，身體日漸衰弱。家裡向來有每晚 22 時入睡的習慣，而瓦特到了 22 時的時候，還想跟大家說話聊天呢！

每天晚上，他總是說些令人吃驚的話，不管那是些有趣的或是悲哀的話，大家都聽得入了神。

結果呢，等到故事講完，不知不覺睡覺的時間已拖延了很久。我兒子約翰時常拉著他的手催促他上床去睡，但總是無效。

從格拉斯哥回來的瓦特，身體變得開始強壯起來，學校的各門功課也都大有進步。

也許是性格憂鬱，加之自幼身體就較其他的孩子虛弱，他又從來都不參加戶外活動，這些原因可能導致了瓦特唯獨對讀書這件事懷有濃厚的興趣。

母親本想教他讀有關歷史或文學方面的書，可是，瓦特卻從祖父遺留下來的書箱子裡，拿出破舊的天文學、數學或解剖學，夜以繼日翻來覆去地看，一遍又一遍，最後把它們都通通背誦了下來。

進入少年時期以後，瓦特還是和從前一樣，不喜歡和朋友做無謂的遊戲，但是卻喜歡把自己關進孤獨的世界，沉浸在他那少年的無邊無際的空想中。

格利諾克的南方，到處都是一叢叢的榆樹和山毛櫸的樹林，有如屏風似的連接著。瓦特喜歡一個人到那裡去散步，然後跑到一處稍高而能望見天空的小丘上，躺下來看起書來。偶爾書讀累

了，瓦特就會站在高大的樹林裡，大聲地喊叫，而這個時候遠處也會立刻傳來同樣的聲音。斷斷續續的回音，讓瓦特感到一陣陣的寂寞，他也會害怕寂寞，這個時候他就兩手掩住耳朵，猛然向森林中跑去。

瓦特常常獨自在森林裡沉思，像一個孤獨的思想者，但是誰也不知道他在思考一些什麼東西。經常是直到夕陽西下，他才慢慢地走回家。

有一天晚上，瓦特忽然什麼也沒有說，就獨自跑出了家門。

「咦！這孩子這麼晚了，到什麼地方去？」母親覺得孩子的行為很奇怪，因為瓦特一直都是很乖的孩子，他還從沒有在晚上獨自出去過。她趕緊悄悄地緊緊跟在兒子後面，想看看瓦特到底去做什麼。

只見瓦特一個人行走在黑暗的森林當中，一點也不害怕，和平時在學校中的膽小迥然不同。他越過森林，走到鎮的盡頭的一個小丘上，便一下子躺在了地上，用望遠鏡眺望著頭頂上閃爍著的星星。

「這孩子多麼怪啊！時常在夜間往外跑，這可不好。」母親心中多少有點不放心。可是，瓦特的夜行計畫並沒因此而取消，反而變得更加頻繁了。第二天的晚上，他又急急地向著墓地走去。

「咦！這次又在搞些什麼？怎麼還背著鐵鍬呢！難道要去挖什麼東西嗎？」母親大為吃驚，她又悄悄在背地裡觀察著。只見瓦特獨自走到墓地裡，拿起鐵鍬就準備挖墓。

「不得了，瓦特不會是要去挖掘墳墓吧？」想到這裡母親不

勤於動手實踐的少年

覺嚇了一跳，她趕緊出聲制止道：「喂！瓦特！你在幹嘛？」

「哦！原來是媽媽，嚇我一跳。」瓦特立刻停下手，轉過身來。

「這話應該換我來說！你是在做什麼呢？」

「哦！媽媽。我什麼也沒有做。」

「還說你什麼都沒做，你拿著鐵鍬在幹什麼？」

「媽媽，我最近看了一本解剖學的書，裡面有一張關於大腦的圖解，我覺得很奇怪，不知道是不是真的那樣。您看，這個小孩不是才死了不久嗎？」

「所以，你是想要挖開那個小孩子的墳墓把他解剖一下，是不是？」

「是的。」瓦特毫不介意地回答。

「哦，天哪！這怎麼可以？！隨便把人家的屍體拿來解剖，這是犯法的！」

「哦！真的嗎？」瓦特一臉天真地問道。

「當然是真的！還好我發現了！好了，回家吧！真把我嚇壞了。」

「這個孩子對學問這樣認真，倒是很好。不過稍不注意，就做出傻事來，可真叫人不放心呢！」在回家的路上，母親憂心忡忡地想著。

利用空閒時間讀書

從文法學校畢業以後，瓦特沒有再繼續深造讀書，而是進了父親的工廠工作。即便是這樣，他仍然不忘利用閒暇時間讀書。瓦特對於學問的興趣，似乎是無窮盡的。只要一有時間，他就會拿起書本津津有味地看起來。每當這個時候，瓦特好像就進入了自己的世界一般，任由外人怎麼喊都不會理會。他對書籍的渴望，已經進入了一種忘我的境界。從祖父的書箱裡找出來的書，除了有關數學及天文學的以外，還有機械學、醫學、解剖學及植物學等各種的學科，堪稱一個微型圖書博物館。瓦特天生就對一切自然事物感興趣，自從他經常到野外獨自沉思以後，他就開始對野生的花草或樹木有極大興趣了。

對於地質學，瓦特也有著濃厚的興趣。當他看到克萊德河口的對岸，那些像用刀子切了似地聳立著的山脈時，他便下定決心要研究地質。

一天，中午休息的時候，工廠的一個老員工看見瓦特又在角落裡津津有味地讀書了，就說道：「瓦特，你一天到晚都在看書，有意思嗎？」

「哦！是斯蒂芬叔叔。嗯，是的！學問是沒有止境的，書裡的很多知識都是我們所不懂的，再也沒有什麼事情比讀書更有樂趣了。」瓦特回答說。

「嗯！讀書是一件好事。不過，讀書應該挑選幾本有興趣的來精讀比較好，不是嗎？像你這樣，順手拿來什麼就讀什麼，不

利用空閒時間讀書

是顯得太雜了嗎？」

「不！斯蒂芬叔叔，到現在為止，我所念的書，都是有用的，沒有一本是白念的。有的書是用來增加知識的，有的是有關做人的，還有的可以當作一種消遣。」

瓦特說完，就不再說了，又埋頭看書去了，恢復了他那種欲讀萬卷書的氣概。

「瓦特近來好像很喜歡唸書的樣子！」

有一天，瓦特躺在床上看書，昏暗的油燈下面，母親正在做著針線活，和父親在低聲交談著。

「嗯！老是讀書，都不和外界過多地接觸，也不知道將來打算幹什麼呢。」

「那孩子既然這麼喜歡學問，說不定將來會做個學者呢！」

「哼！木匠的孩子能做什麼學者？」

「你這話說得不對，父親不也是個了不起的學者嗎？大哥不也是鑽研學術了嗎？只有你是木匠。現在瓦特這麼喜歡讀書，很明顯是受到了父兄的影響。嗯，我想，不如把這孩子送到格拉斯哥的大學去唸書吧！」

母親的提議遭到了父親的強烈反對。

「不，上大學是有錢人家的事，木匠的兒子上什麼大學？」

「那是在以前，現在的情況有所變化了。我聽說貧寒人家的孩子，可以透過種種的方式，取得教會或是慈善團體所贈與的獎學金，從而去大學深造呢！」

「就算是有那麼回事，將來好不容易大學畢業，要單靠學問

來謀生，恐怕也不是一件容易的事。要知道學問和賺錢完全就是兩碼事，這兩者似乎沒有什麼關聯。學問是那班有錢人搞的玩意兒。一個木匠的兒子，還是老老實實地做木工比較好。」

「可是，看他那樣用功讀書，實在有點不忍心。我們不能就讓他這樣在家裡。看看父親，再看看哥哥，他們都是有學問的人。瓦特既然喜歡看書，我們就不能毀了他。」母親語重心長地勸說著父親。

父親終於有所動搖，在父親的心中，又何嘗不希望自己的孩子能夠有出息，能夠出人頭地呢。只是瓦特一直以來懦弱的性格讓他隱隱有些擔憂，所以才一直不放心他在外面獨自生活。父親嘆了一口氣說道：「好吧！等我出海一趟，這個夏季航海回來就湊足經費供他上學。」

在床上專心看書的瓦特不小心聽到了父母的對話，他的心臟劇烈地跳動起來，腦海中不由自主地浮現起自己夾著書本，在那古色古香的大學校園穿梭的樣子。

瓦特的夢想開始展著翅膀到處飛翔了。出身於大家族的母親，在格拉斯哥有許多親戚，小時候母親就時常帶他到那兒去玩。其中有一位在格拉斯哥大學文學院教授拉丁語的密爾黑特教授，在少年瓦特的腦海中，至今還留著印象呢！他家的書櫥裡擺滿書本，書皮上的那些燙金文字，無時無刻不在少年瓦特的眼前閃耀著。

「哈哈哈！」瓦特不由得大笑起來。原來不知道什麼時候，他竟幻想著自己已坐在那擺滿著燙金文字的書櫥前面了。

利用空閒時間讀書

「瓦特，你過來，爸爸有點事情要和你說一下！」一天，瓦特還是和往常一樣在樹林裡看書，這個時候父親走了過來，對他輕聲說道。

「好的。爸爸，有什麼事情要我做嗎？」

「哦！不，不，我的孩子，瓦特，我和你媽媽商量過了，決定送你去格拉斯哥大學深造。爸爸今天就要出海去了，等我回來，就讓你去大學讀書。聽著，我的孩子，我不在家的時候你要好好照顧媽媽，知道嗎？」

「好的，爸爸。我知道了。」

瓦特很開心，父親終於答應讓自己繼續讀書了，這樣的話他就能夠在校園裡學到更多有用的知識了。聽說祖父當年就是在大學裡面教書呢。

父親已經出海運貨去了，日子一天一天地過去，瓦特還是和以前一樣，每天伏在工作臺上，做那些金屬物件的細緻工作。空閒的時候，他就抱著書本看。

如果說真的有什麼變化的話，那麼就是瓦特的嘴角開始浮現微笑，彷彿心中有什麼高興的事情。是呀，只要父親這趟出海回來，就能夠去格拉斯哥大學讀書，這難道不是天大的喜事嗎？瓦特沒有一個可以說話的朋友，也不像其他少年那樣出去玩鬧，他的樂趣，除了讀書之外，唯一進行的戶外活動就是釣魚。

瓦特很喜歡釣魚，或者說他喜歡釣魚的過程。那是一個垂釣者和魚兒之間鬥智的過程，在這個過程中需要思考，需要判斷，因此瓦特非常享受。

晴天的時候瓦特就提著漁具站在海邊，如果是遇上了下雨天，瓦特也不會放棄釣魚的想法。因為父親的工廠就在海邊，所以他就把釣魚竿從東窗口伸到海面上去，照樣開心地釣起魚來。

　　有一天，瓦特還是和往常一樣，先是打掃好庭院，然後拿著漁具走到海邊，走到往常垂釣的那個地方去釣魚。

　　克萊德河的河水緩緩地繞著彎，從上游流下來，繞過沙洲，可以看見一塊岩石峭立的地方，那裡就是瓦特專門選定用來釣魚的地方。

　　瓦特放下漁竿，坐在岩石上，一邊任由海風吹拂，一邊幻想著在格拉斯哥大學就學的事情。

　　瓦特是一個天生的幻想家，他會幻想著各種稀奇古怪的事情，就好比自己上大學，這件還沒有發生的事情，在他的腦海裡已經形成了好幾個版本的就學經歷。

　　不知不覺間，天色漸漸地昏暗了下來，當瓦特回過神來的時候，海上已經變成了黑色，夜幕漸漸下垂了。

　　「哦！天黑了，我該回家去了。」瓦特收拾起漁具，站起身來，順著原路回家去了。

　　剛剛到家，他就敏銳地察覺到今天晚上的情況和平時有點不太一樣，媽媽沒有和往常一樣在油燈下做針線活，而是包裹著棉被睡在床上了。

　　「啊！媽媽！你怎麼了？生病了嗎？」

　　母親輕輕地搖搖頭，有點悲愴地說道：「我沒事，就是有點不舒服。瓦特，我的孩子，你這輩子恐怕都沒有機會再上大學

了。」瓦特一聽母親這樣說就傻眼了，一時之間他還沒有明白過來這是怎麼一回事，他奇怪地問道：「媽媽，怎麼了？發生什麼事情了？」

「剛剛接到你爸爸託人傳回來的快訊，你爸爸的船在海上出事了，我們的生意恐怕要破產了。我的孩子，你恐怕徹底失去上學的機會了。」

原來父親詹姆斯那一隻可以跑遠洋的大帆船在海上遭遇風暴被風浪打碎了。船上損失貨物的賠償，還有船員們的死亡撫卹，所有這一切，都要落到他這個船主身上。詹姆斯的生意破產了。他只能變賣家產，該賠償的賠償，該撫卹的撫卹，咬著牙把這個苦果吞了下去。母親的心思都在兒子身上，本來想丈夫出海一趟給兒子賺足學費，卻沒有想到會發生這樣的不幸。瓦特雖然也被這個消息嚇傻了，但是自幼跟著母親長大的瓦特更為關心的是母親的身體。瓦特安慰道：「媽媽，沒事的，不能上學就不去上學了。你的身體怎麼樣？要不我扶您去斯密斯醫生那裡看看吧！」

母親搖了搖頭。詹姆斯剛剛破產，這個時候正是家裡最需要用錢的時候，她不能因為自己的一點兒小病就去看醫生，那樣會連累這個家的。

可是到了第二天，母親的身體不但沒有恢復，反而更加衰弱了。

瓦特沒有辦法，只能去請斯密斯醫生來看病。

「醫生，我媽媽的病情怎麼樣？」醫生什麼話也沒有說，只是搖了搖頭，就走了。

就這樣，一天、兩天、三天，日子一天天地過去，母親的病情一天比一天嚴重，好像蠟燭的火焰行將熄滅時的樣子，一種生存的力量已從母親的體內消失了。

　　「瓦特，不要悲傷。媽媽以前有個願望，那就是決心要把你好好地撫養長大。如今你已經健壯地長大成人了，即便是我死了，也心甘情願。」

　　母親說完了這些話，貌似一點痛苦都沒有，如同在做夢似的，四肢冰冷了。母親逝世了！

　　「媽媽——」瓦特摟住母親僵硬冰涼的屍體，叫喊個不停。由於這事發生得太突然，讓瓦特沒有辦法接受。母親的死亡，對於瓦特的一生來說都是一次很大的打擊。他平日所夢想的格拉斯哥大學的事，就像沙灘上用沙子堆成的樓閣被波浪衝擊一樣，成為泡影了。

在鐘錶店當學徒

自從母親去世之後，瓦特家的家運就一天比一天衰落。父親不時地嘆氣，總是動腦筋想恢復過去的生活，結果由於做投機生意的關係，非但沒有賺到錢，反而陷入了更深的泥淖中。

工廠裡面雖然還是和從前一樣熱鬧，可是情況已和從前大不相同了，不管是銷量還是成品，和從前相比都大大降低了。

在這樣的情況下，瓦特當然也不能再像以前那樣悠閒地讀書了，生活的壓力不僅僅是讓父親愁眉苦臉，就連他也漸漸意識到了是需要獨立自主的時候了。

「爸爸！我想去從事製造數學器具的工作。」

有一天，瓦特這樣說。

瓦特會這樣選擇是經過深思熟慮的，他本身就熱愛數學。而且在當時，正是英國的新興手工業開始蓬勃發展的時代，雖然這可以說是即將來臨的工業革命的先聲，可是造成這種形勢的原因之一，是因為從 16 世紀到 17 世紀之間，歐洲宗教騷動的關係。

尤其是法國、西班牙和荷蘭，羅馬教廷對新教徒的迫害非常厲害，新教徒們都被處以火刑或被殺。

那時，唯一的新教國是英國，因此，大家都紛紛地逃往英國避難。

在這些人裡面，雖然也存在富有的商人或貿易商，但其中最多的還是具有手工業方面優秀技術的藝匠或工人。這些手工業者

的移居對於英國工商業的發展，有著莫大的貢獻。

就在 17 世紀的時候，鐘錶業脫離鐵器製造業而獨立，使得鐘錶業有著驚人的發展。到了 18 世紀的中葉，英國製的鐘錶已經廣泛暢銷於歐洲所有的國家。

「我們以各式各樣的鐘錶行銷全歐洲。」這件事是自信心頗強的英國人所引以為自豪的。在歐洲，沒有一個國家的鐘錶技術能夠與英國相提並論，英國是當之無愧的鐘錶業霸主。鐘錶業是需要極精巧技術的行業，不久之後，就在這個需求特殊技術的行業基礎上，又發展出來一個新的行業來。

這一種行業所包括的範圍非常廣，定規、尺、圓規等的數學工具當然不用說，其他有關航海或測量的器具，以及羅盤、測量高度用的象限儀、望遠鏡等各種天文學儀器，也都是經由數學器具業者的手製造出來的。

那個時候，最新的機械儀器的籌劃或設計，全部都是經由數學器具業者的創意和技術而產生的。而且以各大學為中心的科學家們的實驗用器具，也全部由他們製造，在這個基礎上便形成了一種科學理論的交流。瓦特這個生來雙手靈巧而又酷愛科學的孩子選擇了這一行業，是一件理所當然的事。

「數學器具？好吧！既然你喜歡，那就做做看吧！」詹姆斯的生意在近期接連虧本，看見兒子想要獨立，他也樂見其成。

「那麼，您是肯答應我到格拉斯哥市去當學徒了？」瓦特驚喜地問。

「是的。」父親答應了。

在鐘錶店當學徒

1754 年，18 歲的瓦特懷抱著激動的心情前往他夢想的格拉斯哥市。而在當時，所謂的格拉斯哥市，其實還是一個極其寧靜而又陳舊的小城市。

格拉斯哥連一份報紙都沒有，街頭上所能夠看到的報紙通常都是從倫敦來的。如果你在格拉斯哥能夠看到一個星期前的報紙，那已經算是最新的了。

大街上沒有咖啡店和戲院，也沒有圖書館，除了酒店之外，民眾集會場所也沒有，更不用說公園等其他公共設施了。

因此，市民如果想要交流，就只有跑到俱樂部去，大家擠在一起，共同看一張報紙，交換各種新聞。

在當時，格拉斯哥最主要的實業是煙葉行業。每年從美洲殖民地輸入英國的 9 萬箱弗吉尼亞煙葉，其中就有 4.9 萬箱，也就是一半以上都是透過格拉斯哥輸入的。

走遍全市，所能看到的主要建築物除了教會就是大學，再就是酒店，連個像樣的工廠都沒有。

由於這個關係，雖然瓦特抱著很大的志向來到格拉斯哥，但是找遍了全市都找不到一個精通製造數學器具的工廠，只有一個掛著「眼鏡商」招牌的商店而已。

沒有辦法之下，瓦特只好到那裡請求做個學徒。其實那是一家萬能商店，除修理眼鏡之外，也兼製簡單的製圖機器，以及從事提琴的修理或風琴的調音，而且還兼賣漁竿或釣魚用具。

眼鏡店的師傅因為意外地得到這樣一個好弟子而感到非常高興。但是對於瓦特來說，在眼鏡店他根本就學不到任何有用的東西。

即便是這樣，瓦特還是在那家眼鏡店裡待了差不多一年的時間，直到後來遇見了在格拉斯哥大學任教的迪克博士。迪克博士幾次來到商店，他對瓦特那靈巧的雙手感到驚奇，而且對於他隨時都能對答如流的敏銳頭腦讚嘆不已。迪克博士心想：「就這樣讓一位傑出的青年埋沒在小城裡，實在太可惜了！」

　　「瓦特先生，你是一個優秀的年輕人，你的頭腦和雙手讓我感到很驚奇。上帝是如此的精妙，造就了先生這樣的奇才。說實在的，你老是跟著那樣的師傅，不會感覺是在虛度光陰嗎？」

　　「迪克博士，說真的我也有這種感覺，可是又有什麼辦法呢？除了這裡，格拉斯哥再也沒有第二家商店或者工廠能夠看到數學器具了。」

　　「到倫敦去吧！」迪克博士淡淡地說著，在他眼中好像去倫敦和去一個平常的城市沒有任何區別。但是瓦特在聽了這句話卻把眼睛睜得圓圓的，因為在當時，大家都以為倫敦是遠在天邊呢！「是的，你如果想要從事製造數學器具的工作，就只有到倫敦這一個地方。」

　　「可是……」

　　「年輕人，我知道你在擔心什麼。如果你真的有心要去的話，我一定盡我的力量來幫助你。倫敦市內我有一個很好的朋友，我可以替你介紹。」天啊！到倫敦去！瓦特驚喜得心跳加速。首都倫敦，是每一個有志氣的男兒嚮往的地方啊！這件事情要是放在以前，那是瓦特想都不敢想的事情，但是現在，看見一臉真誠的迪克博士，瓦特覺得自己似乎找到了人生奮鬥的目標。

懷抱夢想前往倫敦

「爸爸！請您允許我到倫敦去！」

看見兒子從格拉斯哥回來，父親詹姆斯以為發生了什麼大事，知道有學者願意幫助兒子，而瓦特也渴望前往倫敦學習數學器具製作後，父親沉默了。

「倫敦太遠了，格拉斯哥不行嗎？」

「不行。迪克博士說只有倫敦才有製造數學器具的專業師傅，而且他還親自為我寫了封介紹信呢！」

「真是一位善良的學者呀！不過，瓦特，倫敦這地方在遙遠的海的那邊，這不是和去外國一樣嗎？」

父親說的話是有道理的。原來在 1701 年以前，蘇格蘭和英格蘭還是相對獨立的兩個國家，它們的合併只不過是 50 年前的事，尤其是思想陳舊的蘇格蘭人，始終不把倫敦當作是他們自己國家的首都呢。

瓦特想要去倫敦，這件事如果是在三年前也許沒有問題，但是自從妻子艾格尼絲死後，竟使這位鰥居的詹姆斯連資金的周轉也感到有點困難。

先是遠洋航運生意的破產，之後又是投機生意一度失敗，家境一落千丈，再也不復之前富裕的水準。瓦特如果要去倫敦學習，那麼這來回的旅費，還有瓦特在倫敦生活每個月的生活費，這些錢又要從哪裡來呢？

而這些問題，都讓父親感到深深地憂心。

不過好在這個時候的瓦特也已經逐漸懂事，他知道生活的不容易，所以他很明事理地說道：「父親，錢的事情請不用擔心，您只要出了旅費，其他的一切費用都由我自己承擔。」

「一切等到了倫敦再說！」年輕的瓦特單純地這樣想。在他愛幻想的腦海中，倫敦是一處繁華的天堂，他想要在倫敦賺錢，應該是一件十分容易的事情。

「好吧！」父親終於為兒子的熱忱所打動了，「不過，我只給你籌集去往倫敦的旅費，其餘的費用你就要自己想辦法了。」

「沒有關係。不過，請允許我在倫敦學習至少一年的時間。」

父親終於答應了瓦特的要求，差不多有一個月的時間，瓦特都在收拾自己的行李，忙得頭昏眼花。

1755 年的 6 月 7 日，19 歲的瓦特動身前往倫敦，與他同行的是一個叫做約翰·馬爾的海軍軍官。他是瓦特讀初中的時候教他數學的那位老師的兒子，名字也和他父親一樣。他這次到倫敦去，是為了到停泊在泰晤士河上的「漢普頓宮廷號」軍艦上服役的。

瓦特曾經是那位數學先生的得意門生，這次能夠和他的兒子一同前行，自然是一件很愜意的事情。

瓦特小心地用雙層信封把迪克博士的介紹信收藏在他的懷中，一刻也不敢放鬆，並把它藏在衣服內較為安全的口袋裡。

這封信是迪克博士為瓦特寫的介紹信，信件是給迪克博士同鄉的長輩，一位叫做蕭特的長者。

懷抱夢想前往倫敦

「不知道蕭特先生會以怎樣的態度來對待我。」瓦特心裡微微有些不安地想著。

當時的交通非常的不方便，沒有飛機，也沒有汽車，唯一安全的交通方式就是騎馬。

當然，海路交通工具也不能說沒有，可是問題在於海路交通的危險性太大。主要原因是大海中常有暴風雨，一不小心就會連人帶船一起沉沒。

即便是帆船操縱得很好，平安地突破風浪，可是海峽中時常出沒的海盜船，讓人防不勝防。

對比陸路交通和海上交通，雖然陸上道路險阻難走，但是卻比海上交通來的安全得多，所以一般人前往倫敦都是選擇陸路交通。

以現在的汽車來對比，從蘇格蘭到英格蘭用汽車只需八九個小時就能到達，而在當時，騎著馬即使不分晝夜地奔跑也需要耗時 12 天。此外在當時還有把星期日定為安息日的規定，星期日這一天是禁止人們旅行的。

瓦特他們一到星期日，上午便到旅店附近的教堂去做禮拜，下午則躺在床上談天來消磨時間。

馬爾比瓦特要大上幾歲，生活經驗比瓦特豐富得多。這兩個年歲上差不多少的年輕人，一路結伴而行。

從格里諾克動身以後，首先是經過戈德斯特里姆和伯里克，到達英格蘭的北部重鎮紐卡斯爾，然後沿著當時北方最好的交通道路直線南下。

6 月初的英國，算是一年中氣候最好的時節，天氣通常晴朗，這給旅行的人們提供了不少便利。

　　瓦特和馬爾的騎馬技術都不算是很高明，一路上邊看風景邊聊天，用了將近兩個星期的時間，他們才達到倫敦。

想在一年內完成學業

到達倫敦之後，瓦特就和馬爾分開了。

「到了倫敦，能夠找到師傅就好了，不然的話，僅有的旅費也管不了什麼事。一到那裡，雖然可以馬上把馬賣掉，換一些錢，但是所有的錢恐怕還不夠一個月的旅館費用呢！」

離開故鄉的時候，父親所說的那些話，到底是對的。

「到了倫敦就好像到了外國一樣！」一路上這句話不斷地震動著瓦特的心弦。

「對不起，請問斯特蘭德街怎麼走？」首都倫敦是一個大都市，瓦特初來乍到，分不清楚東南西北，只能攔住一個路人有禮貌地問道。倫敦的人們紛紛以驚異的眼光看著這位用蘇格蘭土音問路、穿著土裡土氣的青年。

雖說同樣是都市，但倫敦的街道和格拉斯哥截然不同。瓦特好不容易才找到斯特蘭德街，並且打聽到蕭特數學器具店的所在，恭恭敬敬地把迪克博士的那封介紹信送給他看。

「從遙遠的蘇格蘭來的嗎？什麼？想學習製造數學器具？原來這樣。你是迪克博士特別介紹來的，他的人品我信得過，無論如何我都會好好地照應你。」蕭特看完了迪克博士的介紹信之後，對於瓦特的條件基本上表示滿意。在他心中，瓦特實在是一個很不錯的孩子。蕭特盯著這個體格瘦小，但樣子倒很誠實且有耐心的年輕人，像在探索什麼似的，忽然，他問道：「瓦特！你

在蘇格蘭學習多久了？」

「說起來，我從小就喜歡這些細緻工作，在還沒入小學之前，就已經在父親的工廠裡工作了。從學校畢業之後，也一直都在父親的工廠裡工作，後來又在格拉斯哥的一家眼鏡店服務了一年。」

「嗯！這麼說，你已經具有普通的手藝了。」

「是的！我這次特地向父親要求了一年的時間來倫敦，就是為了學習數學器具的製造。」

「什麼？只有一年你就要把數學器具學會？」蕭特吃驚地瞪著眼說。

「啊！蕭特先生！是不是一年不行？」瓦特有些不安地問道，出門前他只向父親央求了一年的時間在倫敦學習，如果需要兩三年，那麼這一大筆的費用又該怎麼解決？「不是這麼說，只要把基礎打好，那就沒有什麼學不來的了，只不過這關係到職業工會的規定呢！」看見瓦特一臉的迷惑，蕭特只好把倫敦職業界的狀況，詳細地告訴了瓦特。當時的倫敦，在歐洲來說也是首屈一指的手工業中心，但在組織方面，還是因襲著中世紀的徒弟制度。

在倫敦，最具權威性的機構就是職業工會。在倫敦，只要是想要學到點什麼技術的人，除了找個精通此道的師傅拜師學習之外，沒有第二種辦法。

職業工會制定的學徒期限是七年，服務期滿之後，才算得上是一個正式的工人。而在這些工人當中，較有才識的，只需要繳納一定的金額，經職業工會許可後，就能成為師傅。一旦成為師

傅，就可以在倫敦市內自由開業。

以職業工會所分的徒弟、工人、師傅三級來說，其中，以師傅的地位為最高，對於職業方面的一切事情都有權力過問。但要到達師傅的地位，至少需要七年的時間。

當然，不是所有師傅對於他們所從事的職業都很精通，各人有各人的專長。尤其是像數學器具那樣精密的工業，更需要有特殊的技術才能做好，但這種人才卻少得可憐。

有了迪克博士的介紹，蕭特在心中是非常願意收留瓦特做徒弟的，但是蕭特卻不能這麼做。

因為瓦特已經有了這方面的基礎，而蕭特所能傳授給瓦特的本事，也不過是數學器具製造的一小部分而已，這樣是遠遠不能滿足瓦特的。

瓦特來倫敦的目的是想再學習一年，希望能學到各種數學用具的製造技術。

蕭特感到很為難，他是一個負責任的人，況且還是自己的同鄉晚輩託付他照顧瓦特，就更應該為他找一個具備真才實學的良師了。

「現實的情況就是這樣，以你的情況想要找個好師傅是困難了一點。這樣吧，你先在我的店裡住幾天，自己在倫敦街頭找找，我也出去幫你聯絡聯絡看看。」

瓦特也很懂事，從第二天開始，他就開始在倫敦的街上到處奔走，希望能找個師傅收自己為徒弟。

可是跑了好幾家，得到的答案都是一樣的。這些師傅不肯收

瓦特的主要原因，是因為瓦特只在倫敦學習一年，之前是在鐘錶店內工作，不算是正式的學徒。

如果從現在開始學習，年紀已經有些偏大。如果把他當作是一個出了徒的工人留下工作，又不符合倫敦職業工會的制度。

倫敦職業工會一直以來都有非常嚴格的管理制度，從本質上來說，這其實是一個排他性的組織。凡是有七年的工齡而沒有正式加入這個工會的人，則被稱為「他鄉人」。

職業工會這樣做是為了防止他人闖入這個圈子，妨礙到倫敦本地人的生活和工作。從某種意義上來說，這是一種不正當競爭。

瓦特這種只求學一年的做法，從一開始就破壞了職業工會例行的七年徒弟制度，只憑這點已足夠使倫敦的師傅們憤怒了。

在內心中排斥瓦特之後，瓦特的一切能力就都被忽略，即使瓦特在格拉斯哥已經具有相當的工齡，但是這裡是倫敦，必須遵守職業工會的規定，工齡需要重新開始計算。

此外，瓦特是蘇格蘭人，並不是倫敦本地人，在職業工會眼中，這可真的是一個雙料的「他鄉人」。

倫敦職業工會還有一個殘酷的規定，那就是非正式的工會會員是沒有市民權的，對於一個沒有市民權的「他鄉人」來說，即使失業，變成街頭流浪者或乞丐，甚至最後餓死等惡劣的情況，也都是沒有辦法享受政府保護的。

在倫敦所遭受的冷遇，出乎瓦特的意料。在來到倫敦之前，這個天生愛幻想的年輕人曾經夢見過無數種可能，但是卻獨獨沒有想過找不到師傅這種情況。

想在一年內完成學業

　　職業工會的苛刻要求讓瓦特頭一次感覺到現實是這麼的殘酷。只認「文憑」不認人的現象，讓瓦特覺得有些心灰意冷。

　　「別氣餒，年輕人。要相信自己，倫敦這麼大，你一定可以找到一個好師傅的！」

　　好在有蕭特先生的鼓勵，瓦特才重新拾起信心。是呀，首都倫敦是歐洲手工業之冠，這麼大的一個城市，總會找到一個優秀的師傅的！

不分晝夜地學習

　　功夫不負有心人，瓦特那種堅忍不拔、鍥而不捨、忍辱負重的精神，終於給他帶來了回報。科斯希爾地區的儀器製造商莫根先生終於被瓦特的真誠所深深打動，他最後決定，同意收瓦特做自己的親傳徒弟。

　　莫根是一位知名學者，他在倫敦有著很高的聲望，他又是一位著名的數學家，同時也是一個能全面掌握機器操作技術的優秀工人。在儀表製造這個行業裡，像他這樣理論與實踐都精通的能手並不多見，因此莫根當之無愧被人認為是這個行業的佼佼者。

　　1752 年，在西班牙國王的要求下，莫根為國王精心製作了一副反射望遠鏡。但莫根卻僅僅收取了 1,200 英鎊勉強夠製作成本的費用。這一事件當時即在同業中被傳為美談，以至於後來人們每每談及此事，都對莫根讚不絕口。

　　也正是因為莫根先生的名氣很大，所以他才有膽量敢於挑戰職業工會的各種制度。要知道，在當時除了他，幾乎是沒人敢向職業工會提出任何異議的。

　　職業工會曾經有一條明文規定：「任何外來人，不管他是外國人還是英國人，都不允許加入鐘錶儀器這個行業，也不允許在這個行業當學徒。」

　　很明顯，職業工會之所以規定了這一條，就是想要透過壟斷技術，為他們謀取更多的利潤。

不分晝夜地學習

莫根雖然已經答應了收瓦特做徒弟，但是他也提出了相應的要求。

「瓦特先生！倫敦職業工會的情況相信你也清楚，我收你做徒弟畢竟是違反工會規定的，所以我們這邊也有個條件，希望你能諒解。」

「莫根先生！您能收我是我莫大的榮幸，有什麼要求請您儘管說，我一定努力辦到。」

「是這樣的，雖然我違反工會要求，但是為了減少不必要的麻煩，也為了保證你的學業，你必須先付 20 個基尼，因為工會不知道什麼時候會來找麻煩。」

「此外，你這一年在我這裡學習，我不會給你支付一分錢的工錢。不過，既然你已經是我的徒弟，我當然會把全部的技術傳授給你。」

莫根先生的要求對於原本想到了倫敦以後，一邊學習一邊自立的瓦特來說，無疑是一個沉重的打擊。

但是，如今事情發展到了這個地步，瓦特想，自己除了在莫根的店裡工作，已經沒有第二種選擇了。

那麼現在，莫根的店面已經是瓦特學習數學儀器製造唯一的希望了，如果他拒絕了，幾乎都沒有什麼地方可以安身，還談什麼立命呢？！

「好，我馬上寫信給家鄉的父親，叫他寄錢來。以後還請多多指教。」瓦特毫不遲疑地答應了下來。

在給父親的信件裡面，瓦特這樣評價他的師傅說：

「雖然他主要是一個黃銅匠人，但是在這門行當的許多方面，他能教會我很多東西，比如各種產品的規格、比例和象限等。」

在家鄉的父親接到了瓦特的信件以後，砸鍋賣鐵地給瓦特籌集了 20 基尼的保證金以及一些必需的生活費。在信中父親告訴他只管在倫敦靜下心來好好學習，其他一切事都不應該成為阻礙他學習進步的障礙。

這樣一來，瓦特終於可以毫無顧慮地進入莫根先生的店面當學徒了。

在異常寬敞的廠房裡，坐在最裡面的就是莫根師傅，在他周圍是一些已經學成了技藝的技工，其餘人再按照工人和徒弟們的工齡依次而坐。

新進來的瓦特，當然是坐在最末位了，他恰好就坐在進口的門邊。即使把門關上也會有風從門縫兒裡吹進來。可是在盛夏的時候，總會有強烈的陽光由門縫裡透進來，熱得令瓦特簡直都受不了了。

店裡如果有客人來，瓦特還要去充當接待，或者就是站在旁邊以供別人隨時使喚。此外，店裡的工人或徒弟們也都對瓦特施以白眼，他們總是在尋找各種機會來欺侮瓦特。

「太張狂了！我們要花費七年的工夫，他卻想在一年內學會，真是太欺負人了。」

在倫敦的一年裡面，瓦特給自己的生活節奏安排得比任何時候都緊張。他下定決心要在一年之內，掌握別人需要花費七年才能學會的各種技術。所以，他必須要兢兢業業，埋頭苦幹。

不分晝夜地學習

師傅的耐心指導，加上他原本的功底，再加上後天的辛勤努力，瓦特的付出終於有了回報，瓦特的手藝進步很快。

盡心於工作的瓦特，看到師傅或是工人們停下工作閒聊的時候，總是跑到他們的面前，彎著腰把工作接過來做。但是，即便他這樣做，還是有些壞心眼兒的工人們，覺得瓦特那種很重的蘇格蘭口音很好笑。

「什麼？說清楚點，我們根本聽不懂。」工人們經常故意叫瓦特把同樣的話重複幾遍。末了，大家還要來個哄堂大笑，以此來取笑瓦特。瓦特對於這種侮辱，一直是忍氣吞聲。他在心裡暗暗下定決心，總有一天會讓這群目光短淺的工人們刮目相看的。

一個星期過去了，十天過去了，店裡的一切瓦特都默默地忍受了下來。一直到差不多一個月之後，店裡才沒有工人再拿瓦特開玩笑了。

因為瓦特工作的樣子是那麼的老練！他比工人中間的很多人都要熟悉工作臺，而對於儀器的操作，他更是掌握得爐火純青！

8月初，瓦特就趕緊著手哈特萊象限儀的工作了。可是月初開始的工作，在那個月月底瓦特就把它圓滿完成了，他比那些有兩年工齡的工人做得還要好。

「別看他是個鄉下人，本事倒還不小。」工人們低聲地互相議論著，但是瓦特對於外界的變化一點都沒有理會，他還是默默地一個接一個地著手新的工作。10月，瓦特完成了定規；11月他又做完了方位羅盤。瓦特依次完成了各樣儀器的製造。就在瓦特的埋頭苦幹中，倫敦的霧也漸漸濃了。真是歲月如梭，在不知不

覺中一年一度的聖誕節又悄然來臨。倫敦的嚴冬，毫無情面地嚴重地侵襲著這座城市，也侵襲著瓦特的身體。

每當到了冬季，那刺骨的凜冽寒風，總會從門縫不失時機、毫不客氣地吹進門來，就像一支冷箭，直射入瓦特的身體。然而，瓦特還是緊縮著他那瘦弱的身子，拚命地工作。工廠內雖然也有火爐這類取暖裝置，但是從火爐中所發散出來的那點有限的暖氣，總要等到中午的時候，才能布滿整個工廠。在早上或者是晚飯之後，坐在工作臺上的瓦特，經常被凍得渾身發抖。他那根拿著捲尺的手指頭常常被凍得僵硬而失去知覺。

一天的工作完畢之後，一鑽進冰冷的被窩裡，瓦特立刻感到背脊溝兒有一種抽筋似的疼痛。倫敦城那陰冷潮溼的空氣，已經深深地侵蝕著瓦特的身體，致使瓦特後來一直為嚴重的神經痛所困擾著。

近 20 歲的瓦特，已經懂得生活的艱辛，他的生活過得十分清苦。因為他知道自己的生活費都是父親費盡心思四處周轉才得來的，所以，他在生活上必須要節儉再節儉，精打細算。

瓦特每個星期只安排 8 個先令的開銷，絕對不會浪費一個銅板。

他每週要在莫根先生的店面裡面工作五天半，每天都是從清晨一直工作到晚上 21 時。這麼長時間的工作時間，往往會把瓦特累得筋疲力盡。

回到寢室以後，瓦特還是捨不得時間睡覺。他要利用晚上到清晨的這一點時間攬點零星的修理工作，給自己賺取微薄的生活

不分畫夜地學習

費。而事實上，瓦特經常是餓著肚子的。實在餓到沒有辦法的時候，瓦特就只好喝水。星期六的下午到星期日，是店裡休息的日子，店裡的青年們總是三三兩兩地到熱鬧的地方去玩，瓦特只是默默地目送著他們出去。

雖說他在倫敦住快一年了，但是一次也沒有到市內去觀光過，連皇宮在什麼地方、有名的聖保羅教堂在哪裡，他都不知道，因為他從未走出過莫根家。

沒有錢，是最主要的原因，另外還有一個更加重要的原因，是因為當時的倫敦不太平，經常有海軍抓壯丁或者拐賣人口的事情發生，使人們生活在一種恐怖的氣氛當中。

一天晚上，過了 21 時，瓦特正在清掃工廠的時候，忽然聽到外面傳來「啪啦啪啦」的腳步聲。

「停！」

「啊！」這種說話聲音他聽得很清楚。

「咦！怎麼回事？」瓦特從窗口望去，只見一個警察拿著棍子在追趕一個年輕人，當警察發現那個青年躲在陰暗的牆角下時，就很粗暴地追上前去把他給抓住了。

「什麼事情？是不是抓小偷？」他嚇得連忙向周邊的人打聽。

「不是，這是水兵強募隊在抓人嘛！」工人若無其事地回答。當時正是英國和法國七年戰爭的時期，為了爭奪北美和印度等海外殖民地，英國和法國大動干戈，戰爭連年。

「英國的艦隊，天下無敵。」

「海是神為英國而設的。」號稱海上巨無霸的英國無敵艦隊，

竟在密諾小克灣被法國的海軍打得一敗塗地，前線戰場一度失利。為了彌補前線所需要的兵員，英國政府不得不在海岸地方，實施《水兵強募法》。

這樣一來，倫敦的街上，一到晚上，水兵強募隊就開始活躍，但凡是看到獨身的男子，他們就不管三七二十一抓去當水兵。有時，一夜之間竟抓到一千多人！

「可是抓了這些沒有海上經驗的人，又有什麼用呢？」

「什麼？海上的人和陸地上的人不都是一樣嗎？還好，這裡是自由區域，你可以暫時安心一下。」

「在自由區域內所抓到的人，照例是先帶到市長那兒，經證明確實是一個正當的商人、工人或是徒弟的話，便能受到市長的保護，可是你呢？」工人看著瓦特的臉說。

可憐的瓦特，是個沒有市民權的「他鄉人」，即使是在自由區域內工作，也是危險的。

「這樣太危險了，最好還是不要出門。」瓦特心裡害怕地想著。相比這些可怕的水兵強募隊，倫敦市內更加恐怖的勢力是專門販賣人口的「人蛇集團」，他們把國內誘拐來的人口，主要是外來的打工者，每個人以若干傭金賣給東印度公司。沒幾天，這些人就被送到海外的殖民地去，像奴隸一樣被役使，結果，多半會因支持不住而病倒或死在當地。東印度公司在倫敦市內各處設有收容所，專門收買這類青年，而其幕後又有官方為它撐腰。

在這種混亂不安的局面之下，即使有錢又有閒工夫的人，也不敢出門。再說瓦特這種沒有市民權的外來者，沒有比伏在工作

臺上專心地研究製造數學器具更安全的事了。

在給父親的一封信中，瓦特這樣描述當年倫敦抓壯丁的情景，他這樣寫道：

> 現在，他們對能抓到的任何人，不管是陸地上的「旱鴨子」，還是熟悉水性的海員，都被強迫地逼著去當海軍。只要在倫敦城的轄區裡，他們必須把抓到的人先送給市長檢查，然後才允許把那些不受保護的人帶走。也就是說，在那些被抓到的人中，只有能證明自己是學徒或者是可靠的商人，才有可能被放掉。
>
> 假如我被他們抓去見市長的話，我還不敢承認自己是在倫敦工作的，因為我是一個沒有取得市民身分的人。在他的轄區內工作，即使是在那裡打短工，也是違背他們的法律的。

從這封信中，我們可以看出瓦特當年在倫敦過著怎樣提心吊膽的生活。瓦特躲過了倫敦街頭動盪的危險，以驚人的速度學到了手藝。自進入莫根的店裡做學徒以來，剛好是九個月，那一年的三月，瓦特就已經能夠做和老資格的工人一樣的工作了。

在寫給父親的信中，瓦特驕傲地說：「我現在已經能夠靠我自己的力量來謀生了。」

到了將近一年的時候，他所做的器具已經能夠和師傅或其他工人們的製作品，同樣擺在市場裡的貨架上了。瓦特終於達到了在一年當中學完數學器具製造的願望，成為一個正式的工人。

1756 年 7 月，瓦特和莫根的契約到期了，瓦特拜別了尊敬的師傅，又和經常照顧自己的蕭特先生道別，踏上了回家的旅程。

21 歲的瓦特，輕舞著馬鞭，從英國本土的中部，一直往北而

行。他的旅行袋裡，放著一本比奧萊所寫的《數學器具的製造和使用》，以及他花了差不多 20 英鎊的代價買的許多開業所必需的材料或用具，僱船載回故鄉格里諾克。

　　風華正茂的瓦特，踏上了返回蘇格蘭的漫長道路，去迎接新的生活挑戰！

從倫敦學成歸來

「瓦特！你回來了！」父親微笑著迎接分別了一年的兒子。

「爸爸，我已經學會了一般的數學用具的製造技術了。」瓦特自豪地對著父親宣告自己這一年來的學習成果。

「爸爸，你這一年裡面過得怎麼樣？身體還好嗎？」父親親暱地摸摸瓦特的頭，說道：「我很好，不過你的身體又消瘦了。好了，什麼都不要說，你先休息一段時間，把你的身體好好地調養一下再說。」這天天氣非常暖和，陽光笑嘻嘻地伸出溫暖的雙手，輕輕地推開了千家萬戶的門窗。

「瓦特，今天很暖和，起來曬曬太陽吧！」父親詹姆斯從院子裡走進瓦特的房間。瓦特已經自己坐起來了，他正在穿衣服，看見父親，他輕輕地回答：「是嗎？我也感覺到今天很暖和哩！」

詹姆斯看到瓦特穿衣起床，動作那麼俐落，心裡一陣欣喜，忙上來扶他，幫助他把衣服穿好。瓦特吃了早點，就在院子裡一面曬太陽，一面看書。

突然，瓦特聽見一陣銀鈴似的說話聲，是誰在跟父親說話呀？他靜心聽著，這聲音怎麼這麼熟悉，這麼親切。他正要轉過頭來張望時，爸爸喊起來了：「瓦特！瓦特！你看誰來了！」

「表哥，你好！」

「瑪格麗特！」瓦特心裡一陣驚喜。

「身體好些了嗎？」表妹問他。

「嘿，好多了，」瓦特見她長得這麼亭亭玉立，完全不像隻蝴蝶，倒很像一隻溫馴的小鴿子了，心裡感到異常的興奮。他疑惑地說：「妳怎麼知道我回家了？」

「問你自己嘛！連封信也不給！」瑪格麗特嗔怪地說，「我寫給你的信退回來了，我才知道。」

「對不起，我不想讓妳為我擔心。」瓦特略帶歉意地說。看見表妹一個人，他又問道，「姨媽呢？姨媽怎麼沒有來？」

「媽媽本來要和我一起來的，正巧要動身時，爸爸的一位同事來了，她沒辦法來。」

「你別讓她來了，過幾天我會去看望她老人家的！」

瓦特今天精神特別好，表妹的到來，彷彿往他身體裡注進了一股生命的活力。兩個人不停地說著、笑著，從生活談到學習和工作，從格里諾克鎮談到倫敦，天南海北，想到哪兒就談到哪兒，兩人比以前談得更投機了。

不一會兒，父親來喊吃中午飯了。瑪格麗特趕忙到廚房裡去幫忙。爸爸端著滿滿一大盆炸牛排放在桌上，瓦特高興得跳起來說：「爸爸！你從哪裡弄來這麼好的牛排？莫非是你變的戲法？」

「我又不是魔術師，哪來那麼大的本事？」爸爸說。

「啊！我知道了，你是知道表妹今天要來，所以特別準備的。」

「你以為這牛排是爸爸特意為你表妹準備的嗎？」父親意味深長地說，「這是你表妹知道你愛吃，特意給你送來的哩！」

從倫敦學成歸來

「不，是媽媽叫我送來的！」瑪格麗特急忙分辯，可是那滿臉的紅暈和羞澀的眼光卻把一切都說明了。

「瑪格麗特！妳送也好，妳媽媽送也好，還不是一樣嗎？」爸爸笑著，轉身又去廚房了。

瑪格麗特不敢向瓦特望一眼，瓦特卻埋頭吃了起來。兩個人光吃東西，一句話也沒有說。看見爸爸沒有出來，瓦特輕聲問道：「妳怎麼知道我愛吃牛排？」

「你怎麼忘了，那次你在我家裡，吃了一大塊還吵著要，但我連半塊也吃不了。」

「哦！」瓦特想起來了，那已經是八九年前的事了。他感動地說：「想不到妳還記著哪！」瑪格麗特沒有出聲，只含情脈脈地望著他，把頭低了下來。瑪格麗特來看望過瓦特以後，瓦特的身體恢復得更快了。實際上，瓦特的身體一直不見得有多健康，而且這一年之中不間斷地工作，也使得他本來就不怎麼強壯的身體變得更加疲憊。

從倫敦返回到格里諾克之後，瓦特在家鄉度過了整個夏天，年近花甲的父親，給了他深深的父愛和周到的照顧，而且表妹的看望也讓瓦特的心情變得開朗起來。

這次難得的休息機會，使得瓦特疲憊不堪的身體和過於緊張的神經，得到了徹底地放鬆和康復。

轉眼間，夏去秋來，蘇格蘭的秋天，天高氣爽景色宜人，各級學校在經過了炎熱的暑假之後，也都相繼開學了。過慣了學徒生活的瓦特，似乎也覺得自己應該開始工作了。

在大學開設商店

　　為了開始嶄新的生活，瓦特先到了格拉斯哥。他此去的目的是去拜訪一年前曾給予他重大幫助的迪克博士。

　　「瓦特先生，你可來了。我們正等著你回來呢！」

　　「什麼事？」

　　「是這樣的，曾經在本校就讀過的一個學生叫亞歷山大，他畢業以後就開始步入了經商領域，這些年也取得了一些成就。

　　「大約在一個月前，亞歷山大在牙買加購買了一批天文學用的儀器贈送給母校。但就在儀器搬運過程中，海面上突然颳起了海風，海水海浪也不留情面地光顧了這些儀器。這次海風致使這些貴重的儀器有的地方生起鏽來，有的地方也明顯受損。」

　　「哦！」

　　「這得馬上著手修理才行的，偏巧格拉斯哥又沒有一個專門的數學儀器工人，我們正在為此事而感到頭疼呢。現在，正巧你回來了。怎麼樣？能不能去做做看呢？」

　　「好的，先去看看儀器再說！」

　　對於瓦特來說，這是檢驗他在倫敦所學效果的一個絕好的機會，他立刻意識到這次機會對自己的重要性，於是毫不猶豫地向迪克博士承諾了這項工作。

　　在大學裡面，學校給了瓦特一個獨立房間，瓦特就坐在面對著校園的工作臺前工作。

在大學開設商店

他把每一件天文儀器都清洗了一遍。對於生鏽的或者損壞的儀器，他也精心地將它們修理，或者裝上全新的配件。

這批天文學儀器從拆卸、清洗，到修理、組裝，全由瓦特一個人完成。

每天，在他的面前來來往往的全是教授和學生們。由於天文系在格拉斯哥大學是最近才設立的，所以瓦特所修理的儀器，對該校來說，還是很稀罕的東西。

因此，常有人拿著實驗儀器來對瓦特說：「對不起，瓦特先生，請你幫我看一看。」

到了那一年的年底，迪克博士所委託修理的天文儀器，瓦特都全部完工了。瓦特從學校得到了五英鎊報酬。

這在當時是一筆可觀的收入。對於瓦特來說，他最大的收穫或許還不在於這五英鎊的報酬，而是透過這次修理工作，展現了他非凡的技能，使得他和這所大學緊密地聯繫在了一起。

當瓦特完成了修理這批天文學儀器的工作時，一年一度的聖誕節也快到了。

在歐洲，人們不管是不是虔誠的基督徒，對於聖誕節這個傳統的家庭團聚節日，都是十分重視的。

瓦特告別了他在格拉斯哥大學的好友，回到了格里諾克父親的身邊。

三年前妻子的去世給瓦特的父親沉重的打擊。從那以後，父親就顯得異常的衰老了。加之以後一連串的生意失敗，更是讓他心灰意冷。但是為了給予瓦特足夠的生活費，讓兒子安心地在外

面發展，身為一個稱職的父親，他不得不打起精神想方設法地籌錢。

現在，不管父親心中願意不願意，接受不接受這一現實，他都已經老了，這個家到了需要依靠年輕的瓦特來支撐的時候了。

瓦特為了能夠照顧年邁的父親，選擇了在格里諾克生活。

但是，格里諾克是一個名不見經傳的小城鎮，那裡沒有城市的繁華，除了在港灣停泊的機製船舶儀表需要修理之外，其他方面的主顧更是寥寥無幾。

看到這種情況，父親不能再沉默下去了，他不能因為自己而連累到兒子的前途，父親通情達理地勸道：

「兒子，你不能總在格里諾克，長久下去會荒廢了你的手藝的。去吧！去格拉斯哥，勇敢地去闖蕩一番。爸爸還不算太老，我還能照顧自己。」

瓦特經過再三的考慮之後，終於決定聽從父親的勸導。

人就是這樣的，很多時候在家庭和事業間必須偏重其一，更多時候是不能同時兼顧的。但是如果真能做出來一番事業來，不是也能安慰父親嗎？

1757 年 8 月 2 日，瓦特把開店的準備工作一一弄妥，就回到了格拉斯哥。他此次回來，再次受到那批在當地頗有影響的朋友們的熱烈歡迎。

瓦特在一條小街上租了一間房子做店面，就這樣開始了他的營業生涯。

第一天，生意並不好。第二天，就接了好幾樁生意。到了後

來，人們見他的手藝好，就紛紛前來讓他維修儀器。

瓦特的心裡簡直是高興極了，他的興奮之情簡直無以言表。一天早晨，瓦特剛剛開始營業，突然闖進兩個人，粗聲粗氣地說：「喂喂，這店裡誰是主人？」

「我就是。」瓦特打量著他們說，「請問，你們是？」

「我們是工會的幹事，奉會長之命，向你了解情況。」

「有什麼事，請說吧？」

「請問大名？」

「我叫詹姆斯·瓦特。」

「瓦特先生，你在這裡營業，參加工會了嗎？」

「沒有！」

「沒有參加工會，就不准在此地營業！」

「可是我在這裡營業，是經過批准的。」瓦特拿出一張紙說，「請看，這是我的營業執照！」

「光有營業執照不行！」那兩個人特別橫。

「那我現在就參加工會好了。」瓦特沒有想到就連格拉斯哥這樣一個新興的都市，也因襲著工會這種古老的制度！不過，在這種情況下他也沒有別的辦法，只能去申請加入工會。事情的發展再次出乎瓦特的預料，沒有過多久，工會下達了通知說不許可。工會的理由是瓦特先生不僅是個「外鄉人」，還是一個沒有格拉斯哥市民權的人。其實，真正阻攔瓦特進入工會的原因是工會裡那些師傅們怕技術高超的瓦特搶了他們的生意。

瓦特心裡十分憤慨，但是又有什麼辦法呢？在那個時候，瓦

特所能依靠的人，就只剩下了那位一直很賞識他的迪克博士了。

於是，瓦特再度跑到格拉斯哥大學，把事情的經過跟迪克博士講了一遍。

迪克博士聽說了這件事情以後很是憤慨：「那些卑鄙的傢伙！不要緊，瓦特！我絕對盡力來幫助你。」

格拉斯哥大學成立於1451年，是英國有名的高等學府之一，從中世紀起，它就是一座文理醫工並重的綜合性大學。大學是做學問的地方，歷來被稱為「象牙之塔」，市儈氣息不濃，所以大學教授和普通工匠成為好朋友，並不是什麼稀奇的事情。

迪克博士向學校提出了申請：「很久以來，我們就為在格拉斯哥大學內沒有一個專門的數學儀器師而苦惱著。現在有一個名叫瓦特的優秀青年，從倫敦回來了。

「我很了解這位瓦特先生，他技術好又富於進取心，我們學校的天文儀器全都是他修好的。

「我想，既然工會不讓他開店，我們可以讓他成為我們學校的員工，這樣，工會就管不著了，讓他在大學裡開店，這對學校也有好處，因為我們有了專門的數學儀器製造師。」

像瓦特這樣的人才正是當時的格拉斯哥大學所緊缺的，再加上迪克博士和學校教授們的幫助，學校當局終於同意在校園裡給瓦特一個工作間，並且授予了他一個「大學數學儀器製造者」的頭銜，成了這所大學的編外員工。

這件事，對瓦特的人生道路有著重大的影響，使他這一位普通的工人，邁進了大學的校門。

一邊工作一邊學習

　　大學裡的環境，對於瓦特來說，是非常有益的，他失去了上大學讀書的機會，但是在這裡，他卻結交了幾位大學教授和一批有學問的朋友。同這些當代精英相處，可以學到知識，開闊眼界，活躍思路，知道外面世界的很多事情。

　　所有的這一切，都對瓦特的工作有著長遠的影響。因為如果沒有高瞻遠矚的眼光，沒有洞察全局的頭腦，科技研究的方向不與經濟發展的需求接軌，那麼，他那雙手就算是再靈巧，也不會做出什麼驚天動地的事情來。

　　瓦特的店，起初並不大順利，開了一年之後，還沒有足夠的經費維持生活，不得已之下，瓦特只好兼賣地圖和海圖，每張以兩個半先令的價格賣出。也正是在從事繪圖工作的時候，使得瓦特成功地取得了一項小發明，那就是設計製造出一種能繪製透明圖的儀器。這種儀器的設計非常精巧，可以折疊放在一個盒子裡，裝進衣袋攜帶使用。

　　它是根據比例繪圖儀的原理製造出來的，可以用來把一張圖紙，按照自己需要的比例，方便地複製出一份新的圖紙來。

　　瓦特一共製造出了五十多個這樣的繪圖儀，並且暢銷到全國各地。不過由於瓦特當時並沒有為這項小發明申請專利權，所以後來被許多儀器製造商仿造，並且暢銷到世界許多國家。

　　不知不覺之間，瓦特的商店已經成了大學教授或者學生們的

俱樂部了。這是因為在瓦特的商店裡，可以看到各種器械模型的關係，而且大家都對瓦特那種熟練的工作技術感興趣。然而，比上面的兩個理由更吸引他們的，是瓦特的人品。

這位淳樸、樂天、坦率，且見地又與眾不同的瓦特，是吸引人們來到這個店裡最主要的原因。雖說他還年輕，但對於機械的構造或使用的方法，具有一種連學者也不及的敏銳的觀察力和知識。有人說瓦特的成功是天時、地利、人和的結果。天時，是指當時的產業革命急切地需要一種方便實用的動力機械，而瓦特後來所研製的蒸汽機，恰好適應了時代發展的最大需求。地利，瓦特生活的英國是第一次產業革命的中心，可以親身感受工業瘋狂發展時期的時代脈搏。

人和，是指瓦特在走向成功的道路上，始終有一批真誠的朋友，為他提供各種的幫助。沒有大學裡那些教授為他出謀劃策，沒有實業家們為他提供資金設備和開拓市場，那麼瓦特再有本事，也只能一事無成。

「瓦特先生，這個地方好像有點毛病，不知道是什麼緣故。」大學裡的教授們經常來和瓦特研究。在這些教授當中，經常見到的，仍然是迪克博士，但比他來得更勤的卻是約翰‧魯賓遜教授。

魯賓遜那個時候是剛從格拉斯哥大學畢業的研究生，年紀和瓦特差不了多少。

這位誠實、快樂、健談、富於幽默感的、才華橫溢的魯賓遜，是一個多才多藝的青年，對於音樂有很深的興趣，語言學方

面也很優秀，尤其是對科學方面，更是一位熱心的研究者。

「為什麼我會和瓦特先生這樣投緣呢？那是因為我向來不問地位和職業的高低，一律重視個人價值的關係。並不是我自誇，當初我對於數學和機械學這方面的學問，自以為是數一數二的了，等到和瓦特先生交談之後，才知道他在這方面的學問比我更高呢！

「我原以為瓦特只不過是一名普通的工人，但和他接觸之後，我才知道他富有許多不凡的想法，如此一來，我的心裡就老想著如何和這個青年接近了。」談及到瓦特，魯賓遜這樣說。

因為年齡相仿且興趣相投，魯賓遜與瓦特十分投緣，造訪瓦特的店鋪變得更加的頻繁，甚至有時候一天之內來到兩三次。

「瓦特先生，你又在工作了。」一天，魯賓遜來了。

「是魯賓遜呀！你自己找個地方坐吧！等我做完手邊的事情我們再說。」魯賓遜來的時候，瓦特正在工作，他毫不在意地隨口招呼。

「好啦！瓦特先生！工作是忙不完的。做到相當的地方就停了吧！一起去散散步吧！」魯賓遜催促著正在拚命擰著螺絲釘的瓦特。

伴隨著英國資本主義經濟的快速發展，格拉斯哥市在近幾年也發生了翻天覆地的變化，漸漸地面貌一新。古老的街道，也依次蓋起了漂亮的商店，嶄新的房屋也不斷地在蓋著。

「瓦特先生，格拉斯哥變得不錯了吧！」

「是的！和三年前我當徒弟的時候，變得完全不一樣了。」

「聽說您曾經在倫敦住過，格拉斯哥和倫敦比較起來怎麼樣呢？」

聽見魯賓遜這樣問，瓦特只是苦笑不語。因為他雖然在倫敦住上了一年以上的時間，可是一直都是居住在莫根先生的店中，就連市內都不曾去觀光過一次。

但是，格拉斯哥確是變了，那個街角上本來是一塊空地，現在已經蓋起了一座大的戲院。這條大街的本來面目全改變了，而附近的風光也隨之一新。

格拉斯哥在 18 世紀初期，人口只有一萬至一萬五千，而它的公眾建築物不過就是教堂和大學而已。自從由美洲殖民地輸入煙葉之後，逐漸發展為商業都市，加上那些因煙葉而致富的商人們，他們把這些錢投資在工業上，格拉斯哥便一躍而為新的工業都市了。

但那時候的瓦特，對這些事情並不感興趣。繞著市內轉了一圈，無意中一抬頭，這個時候，學校的教堂裡正舉行晚會，美麗的燈光，正從高大的窗戶裡透射出來。

「多麼美麗啊！」瓦特瞪著兩隻眼睛，靜靜地仰視著那些燈光。但他真正所憧憬的其實還是那所大學。瓦特的商店在大學裡面越開越大，來這裡光顧的學生也越來越多，而他所接觸的圈子也越來越廣。一天傍晚的時候，迪克博士又來到了瓦特的商店。

「瓦特先生！我上次交給你的那個機器，修理好了沒有？」遠遠的，迪克博士就一臉笑容地問道。

「沒，請再等兩三天吧！我還要再測試一下。」瓦特一邊巧

妙地使用著捲尺和錐子，一邊回答道。迪克博士對此也不在意，他也沒有加以催促，看著瓦特笑笑就往店裡走去了。

之後，有四五個常到這裡來的學生，嘻嘻哈哈地跑了進來，大家就都坐在工作臺的周圍，吵吵嚷嚷地連說帶笑起來。

因為這是很平常的事，所以瓦特也不介意，仍就繼續工作著。學生的談話，不知道從什麼時候開始竟然變成了議論，以實驗室內可能發生的一些問題為中心，紛紛談論著。

這個時候，有一個學生從手提箱裡取出一本畫滿了圖案的拍紙簿，放在膝蓋上。

「這是什麼東西？」瓦特心中比較好奇，就朝那本拍紙簿偷偷看了一下。驀地，那個學生把拍紙簿碰在他的鼻尖上，突然問道：「瓦特先生，你的意思怎麼樣？」瓦特慌忙地挺直著脖子回答：「學問上的事，我不懂的！」在瓦特心中，他還是有點自卑，畢竟自己只是一個工人，而他們則是真正的天之驕子。

「這個天下哪有什麼不懂的道理！瓦特先生，明天你就到我的研究室裡來吧！」就在這個時候走進商店裡面的迪克博士，站在瓦特的背後，拍了拍瓦特的肩膀，這樣說道。

就因為這樣的機緣巧合，瓦特的生活圈子竟大大地擴張開來。過去，瓦特也常因機械的裝置等事，到過迪克博士的研究室幾次。每每看到那些穿上實驗服的學生們在熱心研究的時候，他心裡未免感到有點嫉妒，最後總是無精打采地回到自己的店鋪去。

而現在呢！迪克卻主動地說：「哪有不懂的道理！明天你到我的研究室來。」這一句話，就把瓦特所有的煩惱都一掃而空

了。從現在起，瓦特就可以堂堂正正地出入研究室了。

迪克博士夾雜在穿實驗服的學生裡面，一看到圍著皮製圍裙的瓦特來了，就很高興地命令他轉動或操作機械。

對於瓦特來研究室幫忙的事情，學生們一點也不覺得奇怪，他們和瓦特的關係都不錯，在他們眼中，瓦特先生能來研究室幫忙，那是科學和技術相結合的結果，這種情況將開闢格拉斯哥大學的新學風。

不知道什麼時候開始，瓦特竟成了格拉斯哥大學研究所不可或缺的人物了。

精於數學的瓦特，對於機械的轉動時間和所注入的藥品的份量，能夠立刻就計算出來。有時候實驗失敗的原因是基於裝配等不完全時，瓦特會給儀器做最仔細的檢查，就連最微細的地方他都會檢查一遍，馬上就能判斷出是什麼地方造成的問題。

遇到有不明白的符號或方程式等的時候，瓦特也會毫不客氣地請教教授或學生們，有時也會跑到大學的圖書館裡，拿出專門的書籍，詳細地查閱。

被初中數學先生譽為「數學天才」的瓦特，經過幾年的荒廢，又一次接觸到了科學，並且一步一步地邁向學問之道。

研究室裡面，瓦特最常做的事情就是把相同的藥品放在實驗器裡，一會兒加熱，一會兒又使它冷卻，反覆不斷地試驗著。

「瓦特先生，要不要再來一次啊？」

學生們都這樣取笑瓦特。這時瓦特為了證明自己的實驗原理，就會回到自己的店鋪裡，把一些精巧的儀器一一拆開，詳細

地檢查整個的構造或各部分的性能，直到對那個機械的原理感到心領神會時，這才親手重新裝配起來。

就在這種重複的實驗之間，不知不覺地，瓦特除了學到一般機械的知識外，還額外知道了各種機械的特徵和優、缺點。

瓦特在倫敦學習的一年時間，只不過是學得一些技術而已，而這些技術，如果經過一段時間的磨練，普通工人也就變為熟練工人了。

但如果僅僅如此，還不能成為發明家。因為一個偉大的發明家具備兩個不可或缺的因素 —— 技術與學問。而現在，這對於瓦特來說已經不是問題了。

「在自然科學的研究上，我從迪克博士那裡學到了實驗和推理。我今天之所以能夠在發明界立足，完全是他的功勞。」瓦特後來曾經這樣感慨地說。就這樣，瓦特在格拉斯哥大學的店裡，由工人到技師，再由技術家到發明家，一個階段一個階段地升上去了。

迅速發展的商店

　　瓦特一直都在格拉斯哥大學的店面生活著，伴隨著他活動範圍的擴大，瓦特不得不考慮重新訂購一些設備，於是在 1759 年他又一次踏上了前往倫敦的旅程。

　　瓦特上一次去倫敦是為了學習技術，而這次，則是很明顯的商務活動。在倫敦，瓦特又一次和他以前的那些朋友們相聚，並且互相說了這些年的境況。

　　瓦特的這次倫敦之行是順利的，他成功地購買了很多設備。一回到格拉斯哥，瓦特馬上和一位名叫約翰·克萊格的建築師共同經營，在市內的綜合市場內，開設了一家新店。

　　開張的日期是 10 月 7 日，當時的明細表至今還留存著。那時，瓦特出了 108 鎊的資金，而克萊格也同樣出資 108 鎊的現金，並言明除了每年付給瓦特 35 鎊作為薪水外，所得的利益由兩個人平分。

　　在市內開店之後，瓦特的工作一下子發展起來，以前與他針鋒相對的工會也不再和他過不去了。

　　「瓦特先生雖然年輕，但是卻是一個非常能幹的人。」所有認識瓦特的人都有這種感覺。

　　因為瓦特的技術非常精湛，格拉斯哥內的一些同業者，也開始將一些精細的東西送到瓦特的店面讓他修理。

　　四年以後，瓦特和克萊格的店鋪已發展到不夠使用的地步，

迅速發展的商店

於是就遷移到市內要道的托倫給特街上去，但仍然保留了在大學裡的那個小房間。

瓦特當時之所以決定要搬新家，還有一個重要的因素，那就是他決定要結婚了。

這一時期，瓦特經常給家裡寄一些錢。瓦特的爸爸也由於在鎮上擔任司庫工作期間辦事認真負責，成績卓著，被提拔了，所以薪水也提高了，家裡的經濟情況有了明顯的改善。

這時，瓦特的爸爸經常想到的是，兒子的年齡已經不小了，無論如何應該結婚了。再說瓦特的姨媽為了這件事，已經提出過好幾次了。父親為了瓦特的婚事，還特地跑到格拉斯哥大學來找瓦特當面催促兒子。

瓦特總是笑瞇瞇地說：「爸爸，這件事，您老人家就甭為我操心了。」

不錯，一個二十八九歲的小夥子，還能不結婚嗎？瓦特和表妹雖然不常見面，可是信件來往卻極頻繁。

這一天，瓦特又收到了表妹的來信，他被深深地觸動了。表妹在信上寫道：「這麼好的望遠鏡，您都做得出來。在我的心目中，表哥，您已經是個發明家了。但是，可惜啊！可惜，我用它就是看不到您。您在哪兒呀？在天邊嗎？您躲在雲彩後面嗎？親愛的，您別老是讓我拿著望遠鏡看您了，我的眼睛都看累了。我要待在您的身邊，面對面地看著您。我要看個夠呀！」

這封信的魔力是很大的，瓦特決定不再拖延婚期了。他立刻寫信把結婚的日期明確地告訴了爸爸和表妹一家。

1764 年 7 月 16 號，瓦特回到了家鄉格里諾克。在格里諾克鎮，28 歲的瓦特與他相愛多年的表妹瑪格麗特・米勒舉行了熱鬧的婚禮，雖然不算太隆重，但是鎮上來參加他們婚禮的客人卻很多。

　　婚房就在托倫給特街的這所房子裡。從兩小無猜的青梅竹馬，到新婚燕爾的年輕夫婦，瑪格麗特是個聰明活潑而又溫柔的姑娘，對瓦特體貼入微，婚後夫妻非常恩愛。

　　瑪格麗特對於瓦特的生活習慣可是瞭如指掌，知道瓦特只要工作起來就會不顧一切，甚至連吃飯都會忘記，這對於瓦特虛弱的身體是十分不利的。

　　結婚以後，瑪格麗特在生活上把瓦特照顧得無微不至，不允許瓦特再去做「勞而無功」的研究試驗。她畢竟是一個沒有見過大世面的家庭婦女，她心中想的主要還是丈夫和家庭的生計。

　　五月的格拉斯哥，春意盎然，到處都呈現出富有生氣的景象。禮拜五，瓦特的妻子特地來到格拉斯哥大學來看望瓦特，還給他帶來一個喜訊，為此還鬧了一個笑話。

　　「瓦特，我給你報喜來了。」

　　「報喜？」瓦特不解，拖了一把椅子讓妻子坐下，忙問，「什麼喜呀？」

　　「你看你！」瑪格麗特故意不明說，「猜猜看嘛！」

　　「還要我猜呢！妳也真是……」

　　「不猜，我就不說。」

　　「都是個結了婚的人還像個孩子」瓦特急得沒有辦法，「別跟

迅速發展的商店

我鬧著玩了，快說吧！什麼喜事呢？」「好好好，告訴你吧，昨天我去看過醫生了。」

「怎麼，妳病了啊？」

「哈哈！」瑪格麗特笑得前仰後合，瓦特的一個助手從窗口伸進頭來看了看，伸了伸舌頭縮了回去。瓦特弄得莫名其妙，傻乎乎的不知道怎樣才好。

「您真是個大傻瓜！醫生說我有喜了！」

「哦！上帝！是這麼回事！」瓦特這才明白過來。高興得把她抱了起來，「這麼說，我要做爸爸了！」瓦特興奮極了，他留她吃了飯，陪她到街上為未來的孩子買了些東西。作為丈夫和即將是一個孩子的父親，瓦特這個時候也開始拚命地賺錢，以求能夠讓妻子和未來的孩子過上好生活。

為了賺錢，瓦特的店面開始多元化經營，只要是能夠賺錢的生意，瓦特基本上都要兼顧地經營一下。隨著店鋪的擴張，貨物的種類也增加了，各種的數學器具當然不用說了，連樂器或玩具類都有。

以樂器來說，也有一段趣談。有一天，迪克博士走到瓦特店前的時候，聽到從店裡傳出一陣美妙的音樂來。

「奇怪，從沒聽說過瓦特先生在搞音樂。」迪克博士心裡覺得很奇怪，進去一看，看見瓦特把一個只有 1.2 公尺高的細長的箱子放在工作臺上，拚命地彈著。

「咦！瓦特先生，那是什麼？」

「是風琴。」

「風琴？」仔細一看，箱子裡面並排著好幾根管子，瓦特正用手在按著那些像琴鍵似的東西。

「到底是怎麼回事？」迪克博士好奇地問。

瓦特說：「這是兩三星期前的事。格拉斯哥市的共濟工會集會所裡的一位職員跑來說，事務所想要一架集會用的風琴。」

雖然數學器具店和風琴扯不上什麼關係，但是那時的瓦特，卻被大家認為是個什麼都會的人，所以大家有什麼問題都會在第一時間先來找瓦特解決。

「怎麼樣，瓦特先生，能不能代為做一架？」共濟工會的職員問。

「可以的。」瓦特當時就答應下來了。而事實上，他根本沒有音樂方面的知識。

共濟工會的那個職員離開之後，瓦特就趕緊開始研究風琴的構造，然後參考斯密斯博士所著的《和聲樂》這本書，待理論稍微懂了之後，就設法買了一架舊風琴，然後再把它全部拆卸開來，檢查各部分的性能和構造。

「所以說，若是想模仿舊風琴製造人家訂的貨，是沒有問題的。不過，我對於這樣做是不能感到滿足的。我檢查過那架風琴，發現了許多不滿意的地方。因此，我運用我的創造力，先做一個小的模型看看。迪克博士，你來得正好，看看，就是這個。」

瓦特用手指了指，他所指的就是剛才他彈奏的那個模型。

沒過多久，共濟工會定做的樂器就完成了。瓦特真是一個天才，從未接觸過音樂的他又在風琴製造方面有了不同凡響的創新。

迅速發展的商店

「瓦特不斷地向著未知的境界邁進，我總是不得不跟在他的後面走。」

魯賓遜曾這樣說，但這正是瓦特做人的態度。他時常在個人的工作房裡放滿了許多機械的零件，然後逐件仔細地加以擦洗，最後再用來裝配新的機械。當他動也不動地凝視著新完成的製作品時，他的那種姿態，簡直和美術家在欣賞自己嘔盡心血而創作的作品時一模一樣。

迪克博士曾這樣說：「機械知識的廣博和技術的精湛，沒有人能比得上瓦特。瓦特的才能，可說完全是一種天才，他富於創造力及具備發明的才能。我每和他談話時，就對他那種敏銳的腦力活動，感到驚喜！」

瓦特的活動範圍一再擴大，在之後又和陶器製造公司有了往來，1772 年以 474 英鎊投資於該公司。

陶器製造法是在 1757 年傳入英國的，那個時候，陶器業被認為是前途最有希望的工業，全國各地都盛行著陶器製法的改良和研究。

瓦特在陶器公司的地位，是類似顧問一類的職位。比方陶土的化驗、碎石工廠的設計、窯的建設等，在有關的科學和技術方面，提供他的智慧。

瓦特為了賺錢，甚至可以利用空閒時間去製作一些小服飾，或者去繪製地圖、海圖銷售，以至於在格拉斯哥大學期間所進行的研究，早已經被他拋到腦後了。

瓦特確實是一個難得的天才，但是他卻處在了一個十字路口

上。這個時候他可以和大學裡那些高貴朋友們一起，去從事某項研究創造，一旦成功，他就可以青史留名。

他也可以繼續現在的生活，也許會賺到更多的錢，但是卻浪費了他的一雙靈巧的雙手和他那精湛的技術，更不會做出什麼驚天動地的事情。

顯然，這個時候的瓦特出於家庭的考慮，選擇的是後者，他正沿著世俗的道路，一路前進著。

自從搬出校園以後，特別是結婚成家以後，瓦特同大學裡的良師益友們開始疏遠了，除非是有工作任務，否則的話他很少待在大學的那間工作室裡。

這樣，他就很難同過去的那些做學問研究的朋友們見上一面。

瓦特變了，開始變得庸俗了起來。他利用手上的技術，盡可能地換回一些金錢，把這看成是一種養家之道，而把大學教授去從事研究試驗看成是一種沒有把握的冒險作為。

然而，瓦特遺忘了過去，但是他大學裡的那些良師益友們沒有忘記他！儘管他們大都是知名的教授，但是從和瓦特相識開始，他們就認定瓦特會是他們夢寐以求的合作者。

如果沒有像瓦特這樣技術精湛的高級師傅一起合作，那麼，再好的設計思路也只能停留在理論上，很難變成新的創造發明。

因此，為了瓦特，也為了他們自己，更為了科學的發展的需要，無論如何他們也要把瓦特重新拉回來！

初次認識蒸汽機械

看著瓦特一天天地沉迷在賺錢的生意中，而將從前做研究的心態拋諸腦後，大學裡的那些良師益友們憂心忡忡。

作為瓦特好友的魯賓遜更是看在眼裡，愁在心裡。

有一天，魯賓遜來找瓦特，對瓦特說：「瓦特先生，我有一個特別的生意想和你談談！」

「什麼特別的生意？」瓦特好奇地問。

魯賓遜說：「文明的進步終究還是繫於動力的發達。在古代，人類尚未具有高智慧的時候，只知道一切憑藉本身的力量而已，到人類漸漸地變聰明後，就想到利用動物的力量了。」

「譬如說搬運東西，最初人類是把東西扛在肩背上來搬運的，到了曉得把東西放在車上而用馬來拉的時候，人類的力量已增加了九倍、十倍了。」

「但是這還不行，除了動物之外，必須再想出其他更有力的東西來移動車子。究竟有沒有這種『力』呢？」

說完，魯賓遜等待瓦特的答覆，可是一看到瓦特默然不語，魯賓遜又繼續說下去。

「有的，我想是有的，那就是蒸汽的力量。我想，用蒸汽來推動的車子，按理說，一定會被發明出來的。」用蒸汽來推動車子前進，這簡直是異想天開！瓦特把眼睛睜得圓圓的望著他的臉，可是魯賓遜越講越起勁，又繼續說了下去。

「用蒸汽來推動車子的構想雖然讓人感到詫異，可是那絕不是夢想啊！不是早就有紐科門所發明的抽水蒸汽機，被人們普遍使用著嗎？使用於抽水的動力，和用作推動車子的動力原理是相同的啊！」

瓦特默然無語，但是這時他心中已經起了漣漪，在心底他已經認可了魯賓遜的設想。

「事實上，我不過是今天才學到紐科門的蒸汽機而已，雖然對於它的原理或構造方面都已了解，但是，這種了解是無濟於事的。要想從中產生一種新的東西來，非得用想像力和發明力不可。瓦特先生，只要我們兩人肯合作，哪有辦不到的事情？你想不想嘗試以蒸汽推動車子的發明呢？」

瓦特心動了，自從搬出校園以後，瓦特第一次發現自己原來對於蒸汽機械有著濃厚的興趣。不知不覺地，天色已經慢慢地暗了下來，興致正濃的魯賓遜，在沒有燈光的屋子裡，還滔滔不絕地說著。瓦特和蒸汽機械發生了關係，也就是從那個時候開始的。魯賓遜離開時候，瓦特馬上跑到格拉斯哥大學的圖書館，找出有關蒸汽機械的書籍，然後根據原理開始實驗起來。他最初所用來裝配的東西，現在看來實在是太簡單了。他用普通藥瓶來代替鍋爐，竹筒當作蒸汽管來使用。

後來，他好不容易又做了一個小型的，但是頗像蒸汽機那樣的東西，可是，那只是一個汽筒，它的直徑只不過一英吋而已，像玩具一樣。

瓦特設法找到一個蒸煮器，把它用作產生蒸汽的裝置。他把

初次認識蒸汽機械

一個裝有密封活塞塊的小容器連接到蒸煮器上，並在蒸煮器和小容器之間裝上一個閥門，這個閥門可以朝上下兩個方向轉動。根據閥門的轉動方向，既能使蒸汽進入汽缸，也能把它全部排放出去。

瓦特將閥門扭動，蒸汽進入汽缸，小活塞被蒸汽往上頂，這股力居然能舉起七公斤重的東西。

「啊，動起來了！動起來了！」瓦特和魯賓遜都控制不住自己的驚喜。

正當他們打算同心協力大展身手的時候，魯賓遜畢業了，他要去海軍服役。

「瓦特先生！我們要暫時別離一陣子。本來，我以為接任為迪克博士的助手是絕對沒有問題的，況且，我已得到碩士學位了。可是他們卻說，一個 20 歲的年輕人，不足以勝任那樣重要的職務。

「原本，經迪克博士的介紹，我應徵去當諾爾斯提督孩子的家庭教師。現在我將以海軍準少尉的身分，隨著諾爾斯提督的軍艦出外航海去了。」

魯賓遜就這樣突然離開了格拉斯哥大學。由於這個緣故，瓦特只好獨自繼續蒸汽機械的研究。

要想真正改進前人的不足之處，最有效的辦法就是先了解前人的研究成果。瓦特深深地明白這一點，因此，他最先要了解的自然是蒸汽機械的來歷。

蒸汽力量的初步利用

關於蒸汽力量的使用，由來已久，人類很早就想到利用蒸汽力量的問題了。

1629 年，義大利有一位名叫布蘭卡的醫生，曾設計了一個利用蒸汽的力量轉動石臼把藥磨成粉的機械。這種附有臼的機械，就是首先製造一個洋娃娃形狀的鍋子，下面用火燒，水氣就會猛烈地從洋娃娃口中噴出來，使插有整排翼板的輪軸轉動，杵也開始動了起來。

但這也不過是一種巧思而近乎玩具的東西，實際上完全沒有用處，照原理來說，和現在的蒸汽輪機一樣。

局限於當時的科學和技術水準，以及材料各方面都還比較匱乏等原因，布蘭卡的發明沒有成功。此後，雖然也有許多人做過這方面的努力，但是也都沒有成功。

時代在發展，科學在進步。終於，在前人的道路走不通之後，有人創造性地開闢了另外的道路，找到了一種全新的方法。那就是不直接利用蒸汽的力量，而利用蒸汽一凝結就成真空的現象，再由於真空的關係而利用大氣壓力。

在這方面做出突出貢獻的人是迪奧尼西阿斯·巴巴恩。

巴巴恩原本是法國普羅茲地方的一位醫生，17 世紀中葉，歐洲宗教鬥爭日益激烈，巴巴恩因為是新教徒的關係，遭受到了來自羅馬教廷的迫害。

蒸汽力量的初步利用

當時整個歐洲只有英國是奉行新教的國家，為了逃避宗教上的種種迫害，巴巴恩不得不逃往英國，不久，他就被推選為剛設立未久的皇家學士院的會員。

巴巴恩雖然是一位醫生，但同時還是當時赫赫有名的物理學者，時常做各種新奇的實驗，使大家驚異不已，其中比較有名的乃是「蒸汽鏈」這個蒸汽機。

巴巴恩所設計的蒸汽機頗為簡單，只有鐵製的汽筒和活塞以及活塞桿，連鍋爐都沒有。

他在汽筒下面放一些水，底下用火燃燒，水慢慢就沸騰而變成蒸汽，這些水蒸氣就把活塞往上推。

當活塞在上升到某一程度時，挺榫就會彈入活塞桿的凹處，到了這時就把火拿掉，而汽筒內的水蒸氣就會自然地因冷而凝結，汽筒內就變成真空了。可是把挺榫除掉，活塞便被強而有力的大氣壓回汽筒底部去了。他就是將這個活塞被氣壓所壓下去的力，運用到了汽筒方面。

巴巴恩又設想，如果將活塞用一條鐵鏈透過一個滑輪與一個汲水裝置相連，當活塞被大氣壓力壓下去的同時，活塞向下拉動鐵鏈，鐵鏈另一頭已經汲滿了水的桶就被吊起來了。

巴巴恩用這種方法做了一個大的裝置，想利用它來抽取煤礦坑道內的積水，測試的結果，機器的速度太慢，而且容易漏進空氣，根本不能使用。

雖然巴巴恩發明的這個機械還不足以運用到實際生活當中，但它卻是首次利用因蒸汽凝結而成的真空所製成的氣壓機械，為

蒸汽機械的發展做出了不可磨滅的貢獻。後人為了紀念這位偉大的開創者，將他製作的那個模型保存在卡塞爾博物館裡。

英國經過資本主義革命以後，社會經濟發展得很快，在當時，英國礦業界最為苦惱的就是礦坑內的排水問題。

開礦的時候，在地面上挖，或者是往橫的方向挖，都不成問題，但是漸漸地挖到地表下面幾公尺的豎坑時，所遇到的就是排水問題。

如果沒有辦法把地下自然湧出來的水抽掉，無論礦工多麼賣力，也無法工作。

尤其是有名的康沃爾礦山地區，地面上像蜂巢似的盡是些坑口，因為越掘越深，從坑內不斷地冒出地下水來，因此時常發生礦工溺死的事情。照這樣下去，這個英國所誇耀的大富礦，勢必非放棄不可了。

「誰能夠發明一種替代馬匹來汲水的強而有力的工具？」有人發出這種求救的信號。

為了解決礦坑內汲水的問題，無數發明家都在夜以繼日地研究。在這樣的情況下，湯瑪斯‧舍巴利終於完成了一架「實際能動的蒸汽機械」。

1650 年，舍巴利出生在得朋的希爾斯頓礦山。他雖然不是學者，但是卻十分好學。在受完工兵教育之後，他很快地就升到塹壕長，足以看出他的天分。

舍巴利也精於製造鐘錶，並曾設計了一個研磨玻璃板的機械，還發明了一艘不靠風力也能行駛的船。

蒸汽力量的初步利用

舍巴利製造出蒸汽機械的靈感，也是源於一次偶然的發現。

舍巴利喜歡喝酒，有一天，他又到了自己常去的那家酒館裡喝酒，當時他喝了一瓶葡萄酒，「砰」的一聲，把空瓶子給拋到火坑裡去了。

「喂！給我拿點水來！」

水拿來了，舍巴利洗了洗手，一看，那個空瓶子裡頭還剩下的一點點葡萄酒也都蒸發了。他冷不丁地把那只瓶拿起來。

「啊！好燙！」舍巴利連忙把瓶嘴浸在水裡，這時，瓶內空氣遇冷收縮，由於瓶外空氣的壓力，水就被壓進瓶子裡去了。

「真神奇！」

舍巴利被這個現象折服了，這個發現也成了他日後發明蒸汽機械的動機。

1698 年，舍巴利的蒸汽機得到了專利。這種蒸汽機的特徵是沒有汽筒，也沒有活塞，它比巴巴恩的機械來得優秀的地方就是具有兩個鍋爐。

鍋爐一大一小，大的那邊只加入 2/3 的水，加熱沸騰之後，待水蒸氣一滿，就移動操縱柄再把它導到另一個氣室裡去，然後塞上活栓，這時再在氣室上加入冷水，裡面的水蒸氣就馬上凝結而形成真空，這樣就自然地能夠把氣筒下面的地下水抽上來。

兩個鍋爐可以輪流使用，做同樣的工作。當大鍋爐裡的水少下去的時候，就在小的這邊加熱，借蒸汽的壓力，把裡面的開水透過給水管，向大鍋爐那邊補充。

正被排水問題弄得焦頭爛額的康沃爾礦區，馬上裝置了這種蒸汽機。果然，這和用馬一桶一桶地來汲水相比較，確實進步了

許多，而礦工也能下到較深的地方去工作了。

　　礦坑內的工作並不是實驗室理想的架設，現實的操作總會有各種的問題，舍巴利的發明雖然好用，但是卻無法解決一個最基本的問題，那就是安全問題。

　　為了把水提得高一點，就需要把蒸汽的壓力加大，而這樣一來高溫度的鍋爐便會由於直接受到強大壓力的作用而爆炸了。

　　礦工們大都沒有讀過書，對於這樣一個龐大的機械本來就是既好奇又害怕，所以一看到鍋爐爆炸、熱水四濺的情形，就都嚇得四處逃散了。

　　舍巴利蒸汽機根本無法保證最基本的人身安全，自然也就宣告失敗了。但是，舍巴利卻為蒸汽機械的發展邁出了實質性的一步。比起巴巴恩的理論機械，他這架實際的機械更為先進。

對紐科門機的改良

在舍巴利發明的基礎上，進一步研究發明出實際安全可用的蒸汽機械的人，是紐科門。

紐科門是達得瑪斯鎮上一家鐵廠的工人，舍巴利在製造蒸汽機的時候，最感到頭痛的就是缺乏熟練的工人，所以，每次遇到複雜的蒸汽機工作時，他就拿去請紐科門幫忙。

久而久之，紐科門這個原本對蒸汽機一無所知的工人也漸漸地開始對它感興趣了。紐科門在自己家裡的庭院中做了一個模型，加以實驗，遇到不懂的問題，他就去請教當地的大學問家瓦克博士。

「如果巴巴恩所設計的活塞，能夠早一步考慮到真空的問題，是絕不至於失敗的。」瓦克博士的話給了紐科門很大的啟示。紐科門於是決定重新製造一臺蒸汽機，他把巴巴恩和舍巴利的優點結合起來，在原理上偏向於巴巴恩，循著正確的軌道而行。紐科門機械的特色，就是為了使氣壓有效地起作用，才設有活塞。這是舍巴利機所沒有的特色，因此所用的蒸汽的壓力，遠較舍巴利機為低，所以不需要擔心會爆炸的問題，也就解決了蒸汽機械最起碼的安全問題。

比巴巴恩機更為優秀的是，為了使加熱方面得以經濟起見，才設置了鍋爐。而且為了使蒸汽迅速地凝結，並不像巴巴恩那樣把火移開，而是把冷水直接噴射在蒸汽上。

1712 年，紐科門機最初時雖然一分鐘只轉動十次，但一分鐘卻能把 550 公升的水，提升到 46.7 公尺的高度。單是這些工作就需要 50 匹馬，因此紐科門機可以說是一個劃時代的成功。

　　然而這個時候的紐科門機，也有許多的不足。為了使內部的蒸汽凝結，在汽筒的一邊噴射冷水，但一定要配合其凝結的時間，不然，冷水一碰到鍋爐，就大大地損失了熱量，動作也因此緩慢起來。

　　紐科門曾經改裝了一下蒸汽機械，用冷水整個包住汽筒的周圍，可是冷水一下子就熱起來，總歸是不方便。

　　紐科門不斷地嘗試改進，在一個偶然的機會，讓他尋找到了改進機器的方法。

　　一開始，紐科門為了不使空氣從活塞的周圍進入汽筒內，總是用布或熟皮小心地塞在活塞上。這是一件煞費苦心的事，而活塞上面也時常積聚了一些水。

　　有一天，紐科門為了檢查這個蒸汽機之所以不時地突然轉快的原因，就詳細地看了一下。原來活塞上面有個洞，水就從這個洞流到了汽筒裡面去。

　　紐科門的腦中頓時浮起一個新的念頭。

　　「如果使蒸汽能迅速地凝結，只要把水噴到汽筒內，不就解決問題了嗎？」

　　於是，紐科門不再用水來包住汽筒而改為冷水噴射裝置之後，這個蒸汽機的效率就大為提高了。

　　初期的蒸汽機，扭動蒸汽進入汽筒的活門或噴射冷水的活門

對紐科門機的改良

這類的工作需要靠人工來操作，而且因為這種工作比較簡單，所以大都由小孩子來擔任。

有一個叫亨佛利‧保達的少年一直從事這種枯燥而無聊的工作，他一面聽著朋友們嘻嘻哈哈玩耍的聲音，一面看著那根上上下下不斷擺動的橫梁。

突然之間，他大叫一聲：「啊！有了！」

保達跳了起來，並取了一個踏板，在橫梁上繫了根繩子，拴在活栓上。這樣一來，活栓就不需要用手去扭動，而能夠隨著橫梁的上下一開一閉了。

從此以後，紐科門的蒸汽機就改為自動操縱了，只要工人偶爾來巡視一下就行了。

不僅如此，向來活塞的次數每分鐘不過是七八次而已，現在也增加到了十五六次。對蒸汽機的改良，這次真是取得了超過預期的效果。

紐科門的這種蒸汽機，在初期的時候使用的人並沒有想像中的那麼多，但是到了 1733 年這項發明的專利權期滿之後，使用它的人快速增加，迅速蔓延到整個英格蘭。

到了 18 世紀 50 年代，由於約翰斯萊頓等工程師使用了大口徑的鐵製汽缸，並對其他一些零件做了改進，紐科門式的蒸汽機在英國境內的應用，在數量和功率方面都有了很大的提高。

昔日的康沃爾礦山本來因為地下水的關係一度廢棄，現在有了紐科門蒸汽機，又活躍了起來。

修理紐科門機模型

　　儘管紐科門式的蒸汽機已經在英格蘭普遍使用，但是在蘇格蘭，似乎對於科技的反應比較慢一點，直到 1750 年，斯達林格雪的亞爾芬斯頓的煤礦才開始裝設這種蒸汽機。

　　十年以後，格拉斯哥附近的煤礦才裝設了第二架蒸汽機，且以「火花」這一個綽號而出名。

　　魯賓遜離開格拉斯哥之前，曾經向瓦特提起自己的一個新觀點，既然蒸汽機械能夠被製造出來應用到實際生活之中，為什麼只局限在礦坑抽水呢？難道就不能用在其他方面嗎？

　　魯賓遜離開之後，研究這個問題的重擔，就都落在了瓦特的身上。剛好就在這個時候，瓦特獲悉了格拉斯哥大學的標本室裡有一架紐科門機的模型。

　　瓦特壓抑住內心的興奮跑到格拉斯哥大學，找到了負責標本管理的布萊克教授。

　　「你好，布萊克教授，我聽魯賓遜說您這裡有紐科門蒸汽機的模型，是嗎？」

　　「有是有的，不過大部分都損壞了！」

　　「損壞了也沒有關係，給我看一下就行了。」

　　「好吧！反正也已經損壞了，不過瓦特先生您是出了名的無所不能，也請你修理一下吧！」

　　「好的，那麼，請允許我把它帶回去研究吧！」瓦特就把這

修理紐科門機模型

個模型帶回店鋪去了，這是他第一次看到紐科門機的模型。這個模型的鍋爐較普通的開水壺還得小一點，汽筒的直徑不過只有 0.18 公尺，長 0.5 公尺而已，簡直像玩具一樣。但是其中卻藏有他即將開始研究的所有東西。懷著激動的心情，瓦特馬上把模型機械拆開。這是他一貫的做法，直到領會了它的構造或操縱方法之後，才將損壞的地方完全修好，再好好地裝配起來。瓦特迫不及待地生起了火，把火放在鍋爐底下，想轉動模型看看效果。水一開就冒出許多蒸汽來，扭動活門，蒸汽就進入那個小汽筒內，咕隆咕隆地開始轉動了起來。

「啊！動了！動了！」看到模型轉動了，瓦特很開心，但是奇怪的是活塞只動了三四下，就突然停止了。

「怎麼回事？」瓦特又重複地試驗了一下，但結果還是一樣。三次、四次、五次，做了好幾次，活塞仍然半途停了下來。

「奇怪！什麼緣故呢？」實驗似乎遇到了瓶頸，瓦特將手裡的實驗暫時放下，他立刻到圖書館去翻查書本，想要從書中尋找到答案。

遺憾的是，書本中並沒有關於這種現象或者類似情景的描述，也就是說，瓦特除了再進行大量重複的實驗之外，沒有其他辦法。瓦特又把模型機械的各部分重新檢查了一番，在經過好幾次同樣的實驗之後，終於發現了問題出在什麼地方。

原來紐科門式汽筒應該是鐵製的，但是模型卻是用黃銅製造的，鐵和銅的物理性質並不相同，對於熱力的消耗不一樣，加熱和冷卻速度也不同。

但是根本上，汽筒的大小和鍋爐成正比，假如相差得太遠，當然活塞只動了幾下，就會因沒有蒸汽的關係而停止了。照理說，模型的各部分都是按照實物用縮尺量好造成的，為什麼會有這種矛盾的現象？

　　「會不會是縮尺量錯了呢？」瓦特首先懷疑模型與實物之間的原始比例。

　　假使它是 1/3 的縮尺，雖然長度為 1/3，可是面積就變為 1/9，容積卻變為 1/27 了。但是這個模型，好像並沒有依據 1/3 的縮尺來做樣子。如果是 1/10 的縮尺，長當為 1/10，面積也就為實物的 1/100，容積則為 1/1000。

　　所以說，活塞的長度如果是實物的 1/10，加熱面積或汽筒的露出面積就為實物的 1/100，鍋爐的容積則為實物的 1/1000 了。

　　這只是其中的一個問題，另外，更為重要的問題是，無法使機器順利轉動的原因是汽筒的溫度問題。

　　蒸汽一遇到冷的物體就立刻凝結起來，所以，最初把蒸汽從鍋爐輸送到汽筒裡去的時候，為了不使蒸汽無謂地凝結，所以汽筒就必須保持在沸點，即攝氏 100 度以上。

　　可是要想把滿汽筒的蒸汽凝結，使之形成真空，則又得把汽筒的溫度下降到常溫，也就是 15 攝氏度以下了。在汽筒內噴射冷水，目的就是為了促使溫度迅速下降，使蒸汽早點凝結。也就是汽筒必須不斷地被加熱和冷卻。可是問題卻在於一旦冷卻了汽筒的溫度，要想把它再升高到沸點，勢必非要消耗掉大量的蒸汽不可。

發現紐科門機的缺陷

巴巴恩是一位學者，但在技術方面卻一點也不在行，這是發明家巴巴恩的弱點。

舍巴利和紐科門則不同，他們不是學者，但卻有著技術家的優異本領。他們僅憑靈活的雙手或思考，從事於蒸汽機械的改良，因此，他們的發明在到達某一點時就停止了，無法做進一步的研究。

可是瓦特卻是身兼學問和技術二者的真正發明家。他對於紐科門機的構造和作用，始終抱著一種嚴謹的態度去研究，結果他發現了它的缺點。

「到底需要消耗多少的蒸汽呢？」瓦特打算將汽筒在一冷一熱之間所消耗的蒸汽的量，用數字來計算出來，為此，他找到了迪克博士，希望能夠尋求到他的幫助。

「可是，要怎樣才能計算出來呢？」迪克博士聽到瓦特的計劃之後這樣問。瓦特自己動手做了一個帶有刻度的汽筒，能讓人一目了然地看清楚水量，同時汽筒上也標示了數字，並且在輸送蒸汽的管子上裝了一個閥門，可以根據汽筒裡蒸汽的多少決定什麼時候關閉閥門。瓦特為了使自己的實驗能夠精確，對於所使用的器械，凡不是自己親手做的東西，他都一概摒棄不用。作為一個卓越的技術家，瓦特是不太相信別人所製造的器具的。

「我決定多做幾次實驗看看，我覺得這裡面會有一些共同的東西存在，只是一時間還搞不明白。為此，我還專門做了一批工

具。」瓦特指著那個刻有刻度的鍋爐說道。第一次的實驗完畢之後，問題就接踵而來，一經研究就會引來許多的疑問，瓦特專心致志地一次又一次地繼續實驗下去。每當實驗有點進展時，他就把結果詳細地寫成報告，連同下次的研究計劃，一併拿去和迪克博士商量。

自從承辦紐科門機模型修理以來，瓦特簡直變了一個人，從前為了賺錢拚命工作的瓦特開始把店裡的事情，全部委託給和他共同經營的克萊格了。

而他本人只要有空，就跑到店鋪裡去，專注地埋頭研究。那個專注於科學研究的瓦特終於又回來了！一天，迪克博士來到瓦特的店裡，看到瓦特還在工作臺上，繼續他的實驗。畫短夜長的冬天，還不到三點鐘，室內就已開始暗了下來。瓦特一見迪克博士來了，馬上從工作服的口袋裡拿出一張小紙條，一聲不響地遞給博士，然後又繼續他的實驗工作。迪克默契地接過紙條，站在窗邊閱讀起來。不久，瓦特的實驗告一個段落了，他站起身來，疲勞地問道：「你看怎麼樣？」

「理論上行得通，可以試試看。」迪克博士一邊看瓦特的計劃書，一邊認可地點點頭。對於丈夫專心研究，瑪格麗特很是心疼，但是既然瓦特已經作出了選擇，她也只能選擇支持。

「先生，你好呀！」瑪格麗特端著茶點走進了房間，把燭臺上的蠟燭點燃，一下子，明亮的燭光照遍了排列著的用具和裝置。

刻有刻度的鍋爐，顯現出美麗的黃銅色，連刻在玻璃容器上的細小量標也歷歷可見，讓人一目了然地看得清楚水的份量，把蒸汽輸送到容器裡的管子上面的活栓，可藉著掛在一旁的寒暑表

發現紐科門機的缺陷

和容器上所標示的數字，適當地加以關閉。

瑪格麗特把茶放下就退了出去，他們兩個人又繼續熱心地互相討論有關發明的事情。不一會兒，迪克博士站了起來，並且從口袋裡拿出一個紙包，放在工作臺上。

「謝謝博士！」瓦特輕輕地拿起那個紙包，塞在自己的口袋裡。迪克博士常在瓦特實驗費不夠時，替他設法周轉點來。瓦特的實驗就是在這種情況之下，持續不斷地進展著。首先，他對於水在不同的壓力之下達到沸點時所需的熱量做了各種實驗。然後，計算定量的水所化成的蒸汽體積，確定了在標準大氣壓力之下蒸汽體積約為水的 1,800 倍，這個數字在現在來說也還很正確。

此外，對於紐科門機方面，他實地地計算出活塞在上下移動時所需的蒸汽數量，再和填滿汽筒所需的蒸汽容積相比較，結果，發現了實際進入汽筒的蒸汽量竟比汽筒的容積多達 4 倍以上。

也就是說，這種紐科門機，約有 3/4 的蒸汽，在提高冷卻了的汽筒溫度時完全給浪費掉了。

如果不去掉這種浪費，是絕不能造出效率更好、馬力更強的機械來的。

有人提出使用鐵製汽缸，但是德國的古列斯就堅決反對使用鐵製汽缸來取代最初的黃銅汽缸。他振振有詞地辯解道：「薄壁的黃銅汽缸比起傳熱慢且笨重的鐵製汽缸要迅速得多。因此，使用鐵製汽缸是倒退了一步，這就使得發動機的效率降低了。」

即便如此，鐵製汽缸還是成功了。因為一些技術上的原因，用鐵鑄造的汽缸要比用銅製造的汽缸大很多，這就使得製造那些能從深處抽水並具有大功率的發動機成為可能。

　　對於那些煤礦主們來說，只要發動機能夠具有更大的功率，能夠把水從礦井中抽取乾淨，就可以了，至於效率的高低，他們並不關心。

烈火中產生的蒸汽機

瓦特是一個嚴謹的人，為了研究出如何解決這筆浪費掉的蒸汽的問題，他通常一頭埋進工作臺，就忘記一切，別說是吃飯，有一次甚至連發生了火災他都絲毫沒有察覺。

事情是這樣的，那年冬天的一個夜晚，瓦特正埋頭於他的蒸汽機研究。

「著火啦！」

「快跑啊！著火啦！」

「火燒起來啦！」

「快跑！」寧靜的夜晚，忽然之間火勢大起，街頭上有人這樣驚叫。只見濃煙四布，隨著一陣風，「轟」地冒出一道火焰來。瓦特家的隔壁著火了！風勢越來越大，附近成了一片火海，在這火焰中，趕來救火的消防隊員的身影忽隱忽現。鄰近的居民大都已經逃離，唯獨瓦特的房間裡靜悄悄，沒有一點聲音。

「奇怪！瓦特先生，太危險了！」有一個消防員放心不下，飛快地跑進瓦特的家裡，一看之下，不禁倒退了幾步。怎麼回事？濃煙不斷地從窗外吹了進來，模模糊糊地只見一個男人靜靜地低頭坐在桌子前，嘴裡一邊不知在嘟囔些什麼，一邊不停地揮動著手裡的筆。

「啊！瓦特先生！瓦特先生！危險！」消防員大聲地呼喊著。瓦特這才把頭抬起來，問道：「有什麼事嗎？」

「火災！發生火災了！快點離開！」瓦特這時才好像有了感覺似的，朝窗口下面望了望，外面盡是紅紅的火焰。

「哦！火災！好像是火災呢！」

「不要再耽誤啊！不然可就危險了，快逃吧！快點！」瓦特戀戀不捨地看著桌子上的那些製圖，他還是坐在椅子上一動不動。這些都是他認真推算的結果，沒有得出全部的結果之前，他實在捨不得半途而廢。消防員不得已，便把瓦特強拉起來，並把他推到院子裡。這時瓦特似乎毫無知覺，倚在院子裡的大樹旁，仍舊陷於沉思中。

「蒸汽是水的變形，水也就是蒸汽的變形。」瓦特喃喃自語地望著自己的腳。

地上有許多消防隊員所棄置的一些軟水管，橫七豎八地像蛇那樣亂堆在地上，而水龍頭所噴出來的那許多水柱，直把緊迫而來的火焰，噴得四下飛散。

這些瓦特都一一看在眼裡，忽然大聲叫了起來：「哦！就是這個，就是這個！」

瓦特為了研究蒸汽機，甚至顧不得火災的危險，真是一件不可思議的事情！

那個時候，瓦特所想的其實就是「潛熱」這個問題。而直到那次的火災，瓦特才豁然開朗，漸漸地摸到了一點頭緒。

瓦特發現紐科門蒸汽機會消耗的蒸汽是如此之多，以至於超出了使用那個小鍋爐的能力，而一次只能完成幾個衝程。他決心要找出這種現象的原因，而他解決這個問題的方式與前人相比，

烈火中產生的蒸汽機

則要根本得多、科學得多。

在此之前，德莎古列斯等人並沒有對為何會消耗如此之多的蒸汽的問題給瓦特提供過完整的答案，但是瓦特意識到，要解決這個問題，必須要從已知的常數中確定某些測量的基礎。

瓦特重新做了一次實驗，他用一隻水壺，從壺嘴上接一隻管子，通到一個帶有刻度的盛有冷水的燒瓶裡。然後，他把水壺的水燒開，直到燒瓶裡的水溫度達到沸點，此刻就再也沒有一點蒸汽會凝結了。

瓦特注意到燒瓶裡的水已經增加了 1/6，這便是蒸汽凝結出來的水。瓦特由此作出了一個正確的判斷，如果把水變成蒸汽，那麼水達到沸點的時候，它就比本身的體積增加了 6 倍。

然後，瓦特又把這一結果轉化成溫度的形式，他的做法是把 1 克水從零攝氏度提高到 100 攝氏度所需要的熱量，作為 100 個熱量單位。

實驗開始的時候，燒瓶裡的冷水溫度是 11 攝氏度，因此，理論上來說，如果要把這 1 克水提高到 100 攝氏度，就需要 89 個熱量單位。

然而，實驗結果卻表明，從水壺中出來的蒸汽，能夠使等量水的溫度達到沸點，並使其體積增加 6 倍，結果其所消耗的熱量單位為 534 個。

基於好奇，瓦特曾把這件事情向迪克博士提起，想不到迪克博士竟是這方面的專家。

「這是我在 1671 年發現，而早已發表了的『潛熱』現象。」

「潛熱？」

「是的，在一會兒使水結冰、一會兒使水沸騰的情況下，可使溫度不變而仍能吸收熱。這種現象我稱之為『潛熱』。這種存在於蒸汽內的熱，在汽筒內也是有作用的。」看見瓦特對於這個概念不是很明白，迪克博士耐心地解釋。

「我知道了，如果在汽筒內噴射少量的冷水，這些水原是為了促使蒸汽凝結的，卻往往被氣化了，這就是蒸汽的一種潛熱作用吧！」

這樣一來，也可以說是一種偶然的巧合，瓦特把迪克博士的潛熱，由實驗而確定了。

這種潛熱的作用，更加暴露了紐科門機的缺點。要想使噴射於汽筒內的冷水不至於被氣化，除了增加冷水的量之外，別無他法。

可是冷水噴射過多，汽筒溫度隨之降低，要想再升高到沸點時，則又需相當的時間，非浪費掉許多的蒸汽不可。為了緩和這種矛盾，技術家們也只有在水的份量上適當地調節而已。

像這種耗費大量的蒸汽而需要許多燃料的紐科門機，對使用者來說是太不經濟了，而在機械技術方面來說，它也有許多不合理的地方。

對於這種動作不靈活、浪費又多的機械，實在再也無法被人接受了。

瓦特把這架紐科門機模型修理好之後，又把它送回格拉斯哥大學的標本室。此後一年半的時間，他一直從事於研究工作，他決心研究製造出一部新的蒸汽機來。

突如其來的靈感

1765 年 5 月一個晴朗的星期日下午。從教堂做完禮拜回來後，瓦特和妻子兩個人簡單地用過午飯後，瓦特說：「親愛的，我們出去散散步吧！」

「這可真是個不錯的建議。我們好久都沒有這樣散散步了！」妻子開心地說。這是瓦特從少年時代以來養成的一種習慣，每當他要思考著什麼的時候，馬上從家裡跑出去，在故鄉格里諾克的森林中踱來踱去，一直到日落西山才回家。對於因為在室內工作而感到身心疲勞的人來說，沒有什麼比去呼吸來自戶外的新鮮空氣更好的事情了。更何況，今天又是星期日，必須嚴守安息日的規矩，即使是待在家裡也不能夠工作。

「今天天氣也不錯呢！」妻子瑪格麗特面帶笑容地回答。瓦特最近一段時間常常是一個人待在工作臺上一動不動，今天他提出要出去走走是多麼難得啊，作為妻子的瑪格麗特自然是滿心歡喜地答應了。

晴朗的天空飄浮著朵朵白雲，溫暖的陽光普照著大地，一打開窗戶，5 月特有的和風就一陣陣吹進屋裡來。瓦特相信，只要再稍微努力一點，再多做幾次實驗，一種新的發明必將到來。瓦特很清楚這點，但是他無法衝破這最後的難關。已經有好幾天了，瓦特總是坐在工作臺前面，連實驗也懶得去做。有時他坐在業已停止轉動了的機械前面，靜靜地沉思，然後站起來，嘴裡嘟

嚷著，在房間裡走來走去。

即便是迪克博士來訪，瓦特也沒表現出極大的熱情開心地暢談一會兒。他們通常是在交談了三言兩語之後，瓦特就又孤零零地一個人去沉思了。

除了沉思以外，瓦特想不出其他更好的解決方法。可是，嚴酷的現實已經不容許他再這樣想下去了，因為困苦的生活正在緊逼而來。瓦特之所以能沒有後顧之憂地做他的實驗，是因為有克萊格在幫他照顧店裡的生意。但是現在，克萊格竟突然死去了。這大大地出乎瓦特的意料。沒有了克萊格，那麼店面的生意就全部落在瓦特的肩上了。

對於生來就有學者氣質的瓦特來說，沒有比管理錢財出入這件事更感到棘手的了。克萊格一死，商店的經營便構成瓦特的重大負擔。

不僅如此，連克萊格生前私下向他人所借的為數不算小的借款，也都得由瓦特來償還。更何況，瓦特為了研究蒸汽機，向迪克博士挪借的錢，已經達到近千鎊了。為了賺點錢周轉一下拮据的生活，也為了調整一下在研發蒸汽機時所接連受到的挫折，瓦特就在這個時候發明了透視器。

透視器的原理和結構並不複雜，它只是把原原本本的實物透視圖，照樣映在寫生板上的一種裝置而已。然而透視器卻極有市場，頗受好評，甚至有遠自海外來的訂單。

透視器的出現稍微緩解了一下瓦特的困難生活，但是卻沒有辦法補救瓦特那已經沒落了的數學儀器店。一邊是日益困苦的生

突如其來的靈感

活，一邊是阻攔在最後一步的發明難關，這個時候的瓦特，又一次陷入了兩難的境地。

對於瓦特來說，一星期當中只有在星期日下午的片刻時間，他才得以舒緩一口氣，輕鬆一下。所以瓦特常常利用星期日的下午到戶外散步。

他盡可能地往行人稀少的路上走，因為是星期日，到處都顯得特別的寂靜。雖然在緩慢地散步，但是瓦特的腦子裡卻一直被一個問題所占據。

「汽筒需要蒸汽時就加熱，要使它凝結時就加以冷卻，冷卻時盡可能使用大量的水，反之，加熱時就盡可能用少量的水。」在這幾天當中，瓦特無論是睡覺、吃飯或工作的時候，都不停地在思考著這個同樣的問題。安息日這一天，雖然禁止了所有的工作，但卻未禁止人們用腦思考，這點對於瓦特來說，無疑是一大幸運。

從大街到小巷，從廣場到大廈，瓦特足足走了差不多有一個多鐘頭。

「要使汽筒不必一冷一熱地改變溫度，就可以加快速度，並且不浪費蒸汽了！」長期實驗的結果，歸納起來就是這麼一句話，而剩下來的就是技術問題了。瓦特無意中把頭一抬，這時映入他眼簾的是一片綠油油的草地。

「美麗極了！」5月柔和的陽光，普照在那片草地上，給人一種暖洋洋的舒適感。瓦特在一張長椅上坐了下來，閉上眼睛，托住下巴靜靜地養神，這時就好像在做白日夢似的，有一種恍惚的

感覺。這個時候，「熱量和凝結」的問題，在瓦特的腦中悄然地消失了，使瓦特感到無比的舒暢。

「回家吧！」瓦特站起來伸了一個懶腰，然後慢條斯理地走回家。他走過洗衣店，走過牧羊人所住的小屋，走過路邊的小店，當他即將走過電影院的拐角時，忽然有一個念頭飛進他的腦海裡。

「由於蒸汽是一種具有彈性的物體。因此，凡是有真空的地方，它就無孔不入，如果在汽缸和蒸汽室之間加一個通道，蒸汽就會進入裡面而冷凝，這樣就不用冷卻汽缸，紐科門機的問題不就迎刃而解了嗎？」

想不到這個無意中冒出的念頭，就把他在一年當中想了又想的問題完全解決了。蒸汽因為具有推動力，所以能夠沖入真空的容器裡。要是把真空的容器附在汽筒上，蒸汽經過汽筒後就必定會進入那個容器裡去，那麼，蒸汽就可以在那個容器裡凝結，而不必在汽筒中凝結。

也就是說，為了蒸汽的凝結，只要另外再做一個凝結器連接在汽筒上就行了，這樣一來，蒸汽就在那裡凝結，而不需要再把汽筒冷卻，汽筒就始終是真空的了。

各種不同的工作，分別在不同的容器內進行，汽筒就可一直保持熱度，凝結器就永遠使它冷卻下去，這樣一來，就連一絲蒸汽也不會浪費掉了。

瓦特的腦子像風車一樣不停地旋轉著、思考著。更多時候，他的大腦就像一臺永遠不知疲倦的機器，不斷地生產出新的思想來。

突如其來的靈感

可是，這個冷凝器如果採用紐科門機的方法，噴灑冷水使蒸汽凝結，而噴灑的水和凝結而成的水，以及漏進來的空氣，怎樣逃出去呢？

這個問題又在困擾著瓦特，經過反覆的思考，他想出了兩個辦法。

第一個辦法是，如果能夠製成向下延伸一百多公尺長的排水管，那麼水就可以從這條管道流走，而所有的空氣則可以從另一個小氣泵抽出。

第二個辦法是，製造一個能夠把水和空氣同時抽走的大氣泵。

瓦特的想法，正在一步一步地接近成功的邊緣。

分離凝結器的重大構思

　　從牧羊人住的小屋到高爾夫球大廈的一段短短的路程當中，瓦特得到了一個結論，那就是在汽筒之外再做一個凝結器。說起來這是多麼簡單的事啊！在一次午後愜意的散步中，就得出了這個發明。瓦特後來曾經謙遜地表示：「如果說我有什麼過人的地方，那就是得助於一種偶然，和看透人家所不注意的事物而已。」

　　其實，把這個發現當作是一種偶然的事是不對的，這是瓦特多年來刻苦研究所得來的成就。分離凝結器這種東西的構想，是經過了長時期的研究所達到的最後結果。

　　瓦特的這一重大構思完成了，他急於著手發揮，躍躍欲試，滿腦子都是凝結器的想法，就連自己到底是怎樣回到家的，他都搞不清楚。

　　「你回來了！」當妻子瑪格麗特一看到這位和出去的時候完全兩樣、滿面春風的丈夫，突然推開房門進來時，她不覺睜大了眼睛這樣問他。

　　「嗯！」

　　瓦特只答應了一聲，然後他就在這個狹小的家中，從房間走到飯廳，再從飯廳走到門口，來回不停地踱來踱去。腦子裡面早已形成新機械的構思了，他忍不住就想要動手製作。可是今天是星期日，照例是禁止工作的。

分離凝結器的重大構思

「咯、咯、咯」，踏在地板上的腳步聲，和他在腦中所裝配的蒸汽機互相配合似的，已經開始轉動起來了。第二天一大早，天才濛濛亮，瓦特就迫不及待地跑到他大學朋友的家裡。

「你家裡是不是有一個大的黃銅製水容器？」

「哦，有的。」

「能不能暫時借用一下？」

「好的，你拿去吧！反正是沒有用的東西。可是，瓦特先生，你拿它幹什麼呢？」瓦特微笑著說：「我想製造一個新的蒸汽機模型！」瓦特向他道了聲謝謝，就把那個黃銅製水容器帶回家去，然後馬上就把那個水容器改製為汽筒。瓦特最初的蒸汽機模型是這樣的：

一個汽筒，汽筒裡面有一個活塞，活塞最下面，有一個吊東西的鉤子。汽筒透過管子與一個小鍋爐相接，蒸汽沿管子進入環形的汽筒內，汽筒因此能保持很高的溫度。汽筒的旁邊接著一個冷凝器，冷凝器頂上有一個可以排氣的閥門，下面有一個排水的小管子。小鍋爐裡產生的蒸汽順著管子進入汽筒，汽筒裡的空氣就被壓進冷凝器，隨著蒸汽越來越多，冷凝器裡的空氣也從頂上的閥門被壓出，這時冷凝器和汽筒都充滿了蒸汽。這時冷凝器被冷水製冷，裡面蒸汽凝成水，透過小管子不斷擠出。與之相連的汽筒內的蒸汽就不斷地湧過來被凝結，汽筒成了真空。活塞就被空氣向上壓，不斷上升，活塞的鉤子上所吊的東西就被吊起來了。

這個裝置比紐科門機先進了許多，它能充分地使蒸汽進入到小管子裡凝結，由於不浪費蒸汽，效率大大提高了。

「不錯！不錯！」瓦特高興得拍起手來。瓦特所設想的那個原理，經過這次實地的實驗已得到證實了。可使凝結器冷卻的水槽中的水，很快地就熱了起來，因此活塞只動了三四下就突然停止了。瓦特便把那些消耗掉的蒸汽量和吊起的重量計算一下，知道了這種發明完全成功了。然後，瓦特又造了一個汽筒直徑大點的模型，對於蒸汽機方面又加以大大的改良。

瓦特發覺，當活塞下降時，空氣也就隨之進入汽筒內，汽筒於是就冷卻下來，這時要想再提高溫度，就得消耗一些無謂的蒸汽了，於是必須在活塞的上面緊密地加上一個蓋子，改用蒸汽充入活塞的周圍。

由於這種改良，蒸汽就不會浪費了。

這項新的裝置，最重要的地方在於不讓空氣跑進汽筒內。為了防止這種現象的發生，瓦特才考慮到設計一個包住這個汽筒的第二汽筒，將蒸汽充滿兩個汽筒之間，完全用蒸汽來推動活塞上升。

也就是說，瓦特要將以往所利用的大氣壓力改為蒸汽，使過去的氣壓機械一變而為真正的蒸汽機械。這又是一個新的飛躍。

尋求發明的資金支持

在設想到現實之間，有著漫長而艱險的道路，瓦特經過無數次的科學實驗後，極力想尋求一位既有商業頭腦又有經濟實力的人合作，把他的蒸汽機推向市場。

如果說「科學」是發明之母，那麼「資本」就應該是發明之父了。

在發明期間，瓦特也和其他的發明家一樣，碰到了許多的困難和挫折，但是他並不氣餒，因為他深深知道，那新蒸汽機將是個偉大而有用的發明。

可是，像他那樣不屈不撓的人，也有一種無可奈何的困難，那就是缺少完成蒸汽機械所需的龐大資本。

瓦特在數學儀器上所賺的錢都用光了，此外向迪克博士所借的錢也有 1,000 英鎊了，可是瓦特的蒸汽機械還沒有完全成功。為了新裝置的實驗，還得用上一筆龐大的費用，這筆錢叫誰出呢？

因經營煙葉而致富的巨商們，雖然很有錢，但對蒸汽器械完全不感興趣，而其他的製造業者又沒有雄厚的資本。

如果沒有資本家撐腰，實驗就無法再進行下去了！

有一天，迪克博士對瓦特說：「對於你的發明，只要是我能力做得到的，絕對給予援助。可惜的是，我的資本已經不濟了。」實際上，撇開利的方面來說，瓦特對這位始終給予援助，期望這

個偉大的發明能夠完成的迪克博士，已經是非常感激了。

「我只覺得對你感到不好意思。」瓦特感激而歉疚地說。

「這樣吧！你認識不認識羅博克博士？」迪克博士打斷了瓦特的話問。

「哦！就是那位有名的化學學者。」瓦特說。

「是的。我跟他很熟，他是一個了不起的實業家，慷慨而且不畏困難。我想，作為你發明的支持者，沒有比他更適合的人了！」迪克博士興奮地說。

羅博克是加倫鐵工廠的創始人，有著雄厚的資本。那個時候，他曾在巴拉斯特納斯附近從事煤礦事業，所以非常關心礦坑內的排水問題。

這是一個多麼難得的機會！

由於迪克博士的介紹，瓦特開始和羅博克互相通信。1765 年的 9 月，羅博克曾來信，邀請瓦特和迪克博士一造成他所住的地方去小住幾日，共同研討有關蒸汽機的問題。

這時候，瓦特因為儀器店的關係，一時無法前往，因而不得不把引擎詳圖給羅博克博士。事實上，瓦特為了使這位新的支持者了解自己的發明，已經盡了最大的努力了。而羅博克的態度，卻始終遲疑不決。

最使瓦特感到苦惱的，就是過去以及將來的蒸汽機實驗費如何籌措這個實際問題。但是羅博克博士對於這點，卻遲遲未將具體的方案寄來。

瓦特可以說是全神貫注在這種新的機械上，他的腦子裡面不

尋求發明的資金支持

斷地產生出新的構想來。可是，該怎樣著手才好呢？就在這個時候，有人呼喊：「瓦特先生！」原來是魯賓遜回來了，他依然是以前那副無憂無慮的樣子。瓦特和魯賓遜兩人久別重逢，應該有很多話要說才是，可是，瓦特只是瞟了一下這位久別的魯賓遜的臉。

「哦！你回來了。」說著，他就自顧自把放在膝蓋上的那小鐵箱頻頻擺弄起來。但魯賓遜對於這個是毫不介意的，拉了把椅子湊近過來，開始滔滔不絕地說：「瓦特先生！我這次差不多算是跑遍了全世界，我在倫敦的製造廠所看到的蒸汽機械……」

瓦特耐著性子聽了一會兒之後，就突然放下了手中的工作，看了魯賓遜一眼，說：「魯賓遜先生，關於蒸汽機械的事，你可以不用再擔心了，我現在正在製造一種不浪費蒸汽的新蒸汽機呢！」

魯賓遜吃驚地把視線投在瓦特膝上的那個小鐵箱上！「哦？就是那個嗎？不過我所看到的卻和這個不一樣呢！」然後魯賓遜便對瓦特發明的始末，開始詢問起來。可是，瓦特卻一聲不響地把那個鐵箱收藏在工作臺的下面，緘口不語，整個兒精神都貫注在他所發明的分離凝結器的完成上。瓦特打算一口氣完成這個發明。這種分離凝結器，的確是一種奇妙的設想，瓦特為了製造實際上能轉動的模型蒸汽機，便在金格街口的牛肉市場內借用了一間舊倉庫，就在那裡著手製造。

瓦特的發明能否成功，還系於今後的實驗。最要緊的就是製造一個大的機械，使它正式轉動起來。光是機械本身，就需要一大筆費用，其他瑣瑣碎碎的生活費以及申請專利的費用，又能從哪裡籌措呢？

遇到挫折並不氣餒

自從瓦特熱衷蒸汽機的發明以來，就不再關心器具店方面的事情，到了共同經營的克萊格一死，器具店就徹底地一蹶不振了。雖然後來瓦特發明了一個透視器挽救了一時，但是終究難以阻擋它的頹勢。

此時，一邊是自己辛苦的研究，眼看就有了結果但是卻因為缺乏一筆強而有力的資金支持而懸而待決；另一邊，卻是家庭生活的日益窘迫，來自於妻子和孩子的哭聲讓瓦特面臨著最痛苦的抉擇。

有一天，當迪克博士再一次來到瓦特店面的時候，看到瓦特正在整理店鋪。

「瓦特先生。你這是在做什麼？」

「迪克博士！我想再把店務整理一下，做個測量師！」

「但是蒸汽機方面的工作呢？」

「假使做得到的話，蒸汽機工作當然還是繼續做下去。但是生活都成問題，還能談到其他的事情嗎？」

瓦特這樣一說，迪克博士也沒話好說。瓦特終於把器具店重整旗鼓做起來。

幸而，測量師這種新的職業，生意倒還不錯。瓦特有充分的測量知識，只要能刻苦耐勞就行了。

遇到挫折並不氣餒

1768 年，羅博克終於信任了瓦特的發明，寄來了一份合作的具體方案。

依照羅博克的方案，瓦特的 1,000 鎊借款和申請專利的費用，以及此後的實驗費全都由羅博克來負擔，但在取得專利權之後，2/3 的權利要歸羅博克所有。

經過漫長時間的等待，瓦特終於和羅博克確定了合作關係。

由於和羅博克訂了契約的關係，瓦特高興得馬上著手製造汽筒直徑 25 英吋的大模型。

「這樣準沒有問題，馬上去申請專利吧！」

瓦特就在那年的 8 月，到倫敦去申請專利。

之後，到了 1769 年的年初，瓦特的蒸汽機的專利才被批准下來。

那時瓦特已經 33 歲了，從最初開始實驗起，足足費了將近 5 年的漫長歲月。這 5 年間，瓦特忍受經濟上的壓力，承擔著生活上的困苦，碰到了許多困難和挫折，但是他並不氣餒，因為他深深地知道，這種新機器將是偉大而有用的發明。

於是，瓦特開始準備這種新專利的試驗蒸汽機的製造工作，在沒有完成之前的一段時間，決定在基納依爾的一所大房子裡製造。那是羅博克的房子，位於山谷中的小河邊，用水方便，而且不被人注意。

材料方面，一部分從格拉斯哥的瓦特工作室運來；另一部分則從加倫鐵工廠運來。

可是，由於工人技術不熟練的緣故，工作進行得非常緩慢。

甚至當瓦特有事不得不出去的時候，那些工人們便感到不知所措，只有呆呆地站在那裡。

到了快要完成的時候，瓦特更是擔心，每天晚上往往無法成眠。對他來說，恐懼遠較希望來得大。

1769 年 9 月，花了 6 個月的時間，瓦特全力以赴，好不容易才把第一臺機器完成了。但瓦特的第一臺蒸汽機並不成功。

凝結器的作用不大好，加倫鐵工廠所造的汽筒，也因鑄造不良，根本就不能使用。最大的困難在於保持活塞的緊密，瓦特把軟木、油布、麻布、舊帽子、牛皮紙，通通用來包，但是蒸汽照樣漏出來，那些辦法一點用處都沒有。

瓦特耗費了自己全部的心血，但是面對著完全失敗的第一臺蒸汽機，他一時之間心灰意冷，甚至產生了想要放棄發明蒸汽機的想法。

我是多麼的灰心，好像要死去似的痛苦。這些，我想你是無法想像得到的。

如果我有比較充裕的資本的話，也不至於會遭到這種失敗。不過，由於我的計劃，使得他人受到損失，在我來說，也實在是過意不去。我想我還是死了的好。

瓦特在給好友魯賓遜的信件中，把他的痛苦毫無保留地說了出來。從這封信的字裡行間能夠看得出來，當時的瓦特確實遭到了巨大的打擊。

好在瓦特擁有一個非常好的朋友，魯賓遜在瓦特最困難的時候給予了他最溫暖的幫助。魯賓遜在寫給瓦特的信中安慰他道：

遇到挫折並不氣餒

這次的失敗，過錯並不在於你的發明，這完全歸咎於工廠的製造
技術太差了的緣故。只要有可靠的技術好的工人，一定會成功的。

有了魯賓遜的安慰打氣。瓦特這才鼓起了勇氣，打算重新開
始，一定要發明出一臺成功的蒸汽機。但是事情的發展總是這樣
的一波三折，當瓦特重新站起來的時候，他的合作夥伴卻倒下去
了。瓦特研究蒸汽機的投資商羅博克先生就在這個緊急的關口因
為事業的全盤失敗，無力再對瓦特進行資金支持了。

因為羅博克投資在煤礦上的錢，除了自己的財產之外，還有許
多親戚朋友們的錢，而現在生意失敗之後，他的經濟狀況就非常
糟糕了，因此，羅博克就不能履行所訂的契約再替瓦特出資本了。

沒有辦法，瓦特只好向親密的朋友迪克博士借錢，並繼續工
作下去。瓦特在研究蒸汽機械期間，他還從事其他方面的研究和
發明呢！譬如他設計了一種使煙囪裡的煙完全濾淨的裝置。此外
又發明了精確的距離計，並且改良了測量用水平儀。他在普羅米
洛陶器工廠，從事陶器製造的實驗，也參與了鹼業工業上的海鹽
分析實驗。

後來，又發明了測量用的稜形測微計，同時又製造了一種新
的反射鏡像限儀，改良晴雨計和溫度計。但是，這種多方面的研
究或發明，在金錢上根本就得不到什麼報酬。

瓦特有一位叫哈頓的朋友，在賀年卡里這樣寫道：

恭賀新年！謹以此卡祝福你幸福、快樂，但是我希望你不要再從
事什麼新發明了。在這個只重報酬不問工作的社會裡，發明是一
件吃力不討好的事。

因為缺乏資金上的支持，瓦特的研究陷入了低谷。而這個時候他的孩子已經到了上學的年齡，瓦特不得不重新打起精神，尋找一份工作養家餬口。

為了生活而努力奮鬥

　　長期從事於沒有報酬工作的瓦特，現在的生活就更加艱難了。

　　瓦特辛苦的研究和創造換來的那些小小的發明，實際上並沒有給他帶來一絲一毫的經濟收入，唯一給他增加的卻是做各種實驗所支付的債款。

　　擺在瓦特面前最重要的任務就是養家。這一家大大小小的吃喝是需要經濟能力來維繫的。瓦特深思著，他覺得自己唯一可走的路，還是當一個測量技師。1770 年 4 月，瓦特為了進行蒸汽機的試驗，正想到基納依爾去的時候，格拉斯哥有新的工作任務下達了。

　　「以前申請的蒙克蘭特運河的許可已經批准下來了，工程馬上就要進行，能不能前來擔任監督呢？」如果瓦特接受並承諾了這項工作，那麼，就意味著他必須將蒸汽機這項工作徹底放棄，他感到前所未有的困惑。瓦特想，如果輕易就拒絕這個差事，真不知道什麼時候再有這種工作了。

　　「只要對蒸汽機的完成有把握，根本就不必從事這種土木工程。可是我有家庭負擔。」在發明與家庭責任中不斷地反覆選擇之後，瓦特終於正式地接受了年俸 100 鎊的運河工程技師的職務。這樣一來，瓦特一家人才不致陷於挨餓的地步。可是，土木技師這種粗重的工作，畢竟是不大適合他的。蒙克蘭特運河的工

程不大，因此無論什麼測量師、監督、技師、會計等，一切都得由他一個人包辦，而且還得管理那些工人。

　　要是像以前那樣光是測量土地倒也還好，現在的情況是，無論支付大群工人的工錢，還是一切工程費的契約和結算，通通得由瓦特一個人來承辦，這麼繁重的工作實在是令人受不了。即使這樣，瓦特還是付出了很大的努力和心血，忍耐了一年多的苦楚，終於完成了那個工程。

　　可是在這期間，瓦特根本沒有實驗蒸汽機的機會，蒸汽機的發明也就暫時停下來了。後來，瓦特為了通航的便利，便從事克萊德河水道的測量工作。雖然政府過了幾年後才依據他的報告而施工，但是終究使這條以出產鮮魚有名的克萊德河，成為世界上船舶來往次數最頻繁的一條航路。

　　此外，瓦特又測量了巴斯至古柏・安格斯間的運河，以及萊蘭運河，還做了西部高原地方的一些測量工作，事情雖然很忙，但所得的報酬卻很少。

　　為了照顧家庭，瓦特一次又一次地忙於工作，至於蒸汽機的研究發明，被他遠遠地放到了一邊。從 1772 年開始到 1776 年，英國被全國性的不景氣所侵襲。

　　先是由倫敦開始，相繼出現各行各業的破產者，而首都的這個餘波又開始殃及全國各地。在蘇格蘭方面，所有的民間銀行業者，也差不多全都破產了。正是因為這個經濟危機的原因，本來如火如荼進行中的運河工程計劃，也突告中斷了。從事土木技術工作的瓦特也因此失業了，所以，他不得不再去過著在人海中隨

為了生活而努力奮鬥

波逐流的生活。

如果事情任由這樣繼續發展下去，瓦特今後所能指望的恐怕也只有蒸汽機這個發明了。但是他的靠山羅博克，這個時候的情況比瓦特還要來得更慘呢！

原本慘淡經營的羅博克的事業，雖然一時還看不出任何破產的跡象，但是由於受這次全國經濟恐慌的影響，他企業內部的一些問題全部都暴露出來了。

羅博克此時正面臨著破產危機，他原本計劃要為瓦特的蒸汽機出資金的，但他僅僅付出最初的 1,000 英鎊之後，其他部分分文未付。

如果羅博克不替瓦特付清這筆錢，就意味著，這筆錢就將成為瓦特的債務。站在瓦特的立場來說，他是可以控告羅博克違約的，但是，善良的瓦特卻這樣說：「羅博克博士當初如果沒有對我的發明訂下合約，是不會變得那樣慘的。」瓦特同情現在經濟窘迫的羅博克，甚至表示只要能夠緩解羅博克的困境，自己受點損失也無所謂。

「若把基納依爾那些裝了一半的蒸汽機再改造一下，製成和現在坑內所使用的紐科門機同樣的東西，再把它賣了，或許多少可以周轉一下，暫時緩解困境。」瓦特便設想著在這樣的情況下，原先的研究已經無法繼續，不如把它修改一下，整合成紐科門機出售。羅博克也想把他所持有的 2/3 的專利權，如果可能的話，都換為現錢。但是當時英國爆發了經濟危機，人人都陷入了恐慌。那些成功的企業家，對於維繫自己的事業都感到異常艱難，

況且蒸汽機發明是一個需要投入巨資的事業，因此瓦特連續拜訪了一些社會名流，但都不約而同地遭到拒絕。瓦特不得已，只好東拼西湊地借了些錢來還債。但是在這個時候，又發生了一件令瓦特痛心不已的事情。1773 年的秋天，瓦特正在測量加特利安運河，天下著大雨，瓦特和工人們正在忙碌地測量著數據。正在這個時候，一個工人冒雨跑了進來。

「先生！瓦特先生！大事不好了！」

「什麼事情？」

「格拉斯哥剛才有人來說，您的夫人……您的夫人病危了。」

「什麼？」瓦特一聽立即跳了起來，他不顧一切地冒著大雨趕回格拉斯哥去，當天晚上到達威廉堡，隨後抵達丹巴頓。他在那時寫道：「我必然喪妻的預感是如此的強烈、確切，以至於我無法繼續往前走了。」第二天上午，迪克博士前來接他，從他黑色的外衣和面部那近乎僵硬的表情中，瓦特已經完全不抱有任何希望了。

瓦特匆匆趕回了家，可是，走進家裡的大門一看，妻子已經等不及丈夫的歸來，離他而去了。妻子的去世，是瓦特一生中所受到的最重大的打擊，瓦特陷入了人生的最低谷。

瑪格麗特曾經陪伴他長時期在貧困中掙扎，而且對於瓦特的種種不安和失望，也不時地予以安慰和鼓勵。但是她卻沒有看到丈夫輝煌的成就，也沒有享受到晚年的幸福，就獨自到另一個世界去了。

1770 年到 1774 年，這 5 年是瓦特一生中最黑暗的一個時期。

為了生活而努力奮鬥

事業上接連遭遇的挫折，妻子的不幸離世，這一連串的打擊使得瓦特在很長一段時間內都精神萎靡，一蹶不振。他把自己關在屋子裡，什麼事情也不干，他忽然間覺得人生已經沒有什麼樂趣了！幸好，瓦特並不是一個只會嘆息而不知振作的人，從小他就是一個責任感極其強烈的人。他想，妻子雖然去世了，但是他還有可愛的孩子，兩個幼小的生命還需要他這個父親的照料。

「假若我不能忍受這個不幸的遭遇，毫無疑問的，我的兩個孩子就得在他人的同情之下討生活了。」瓦特比以往更熱心地工作，想借此忘掉內心的悲傷。但是要使心境平靜下來，是多麼困難的事啊！功夫不負有心人，瓦特的艱苦努力終於引起了一個大企業家的注意。他是羅博克的朋友博爾頓。博爾頓接替了羅博克的位置與瓦特合作，使得瓦特終於有機會再一次製造他的蒸汽機。

找到新的合作夥伴

伯明罕向來就是英國的機械工業中心，有「歐洲的大裝飾品店」之稱。博爾頓是當時伯明罕數一數二的大工業家。

因為伯明罕在之前的一段時間內經常製造和銷售一些劣質產品，所以在當時，「伯明罕製」就成為粗劣品的代名詞。

博爾頓為了把這個汙名一掃而光，對於提高製品的品質方面頗下了一番功夫。為此，他還從法國和義大利聘來了第一流的工藝家，而製造方面則僱用最精幹的工人來擔任。

自父親手中接受了大量財產的博爾頓，本可以逍遙自在地過日子，可是他的志向並不在於繼承父親的事業，而是想創設一個可作為世界模範的優秀製造廠！

這樣一來，伯明罕的基地實在太過於狹窄了，經過四處尋求，他終於在伯明罕以北約三公里的地方，發現了一塊中意的土地。那個地方叫做塞荷，是一處僅能放羊的荒地。

博爾頓在那裡建設了大規模的工廠之後，很快地就把工具、機械、工人及其他的工作人員，全部遷到這個新創立的塞荷製造廠。這裡設有寬廣的廠房，能夠容納 1,000 名以上的工人。

博爾頓為了洗去「伯明罕製」的惡名，特地親自跑到倫敦，臨摹一些博物館中所陳列的精品，一聽到有稀罕的美術品要出賣，就不惜高價收買下來，甚至還向女王或貴族們借一些古代的燭臺或花瓶等東西來參考。

找到新的合作夥伴

在這麼多的商品之中，他最熱衷的是鐘錶類的產品。

「所有的產品，只要有優秀的機械來大量製造，就可以生產既便宜而且品質又好的東西。」

這是博爾頓的信條。當時獨霸英國鐘錶市場的是法國製的鐘錶，博爾頓決心與之競爭。不久，塞荷製的漂亮鐘錶漸漸地被上流社會歡迎了。

不到幾年的工夫，塞荷就成為英國足以自豪的一個地方了，它的名聲遠播海外。外國來的人士，也把它當作是英國的名勝之一，三番兩次地到那兒去觀光呢！

塞荷製造廠最初的主要工作是金屬線細工、鑲嵌細工、鈕釦、鐘錶，以及其他裝飾品的製造，另外還製造了許多的燭臺、壺、煤氣管等東西，銷路很好。

隨著製造廠迅速地發展，所需資本越來越大，相應的利息的負擔也就越來越重了，可是博爾頓並沒有放棄，而是咬牙繼續支持。

「有 1,000 名以上的工人，仰賴塞荷這個製造廠來維持生活，他們流了不少寶貴的血汗，才有今天這個組織良好的工廠。所以無論如何，我們必須排除萬難，繼續經營下去。」

博爾頓是一個負責任的老闆，他的責任心感動了全部的員工，於是大家更加努力地工作。這所塞荷製造廠，終於衝破了層層的難關，逐漸發展壯大了。

作為一名成功的企業家，博爾頓在國內外有許多的朋友，羅博克也是其中之一。

有一天，博爾頓從羅博克那裡聽到了有關瓦特研究蒸汽機械的事情之後，馬上就表示感興趣：「哦！我真想見一見瓦特這個人呢！」

　　1767 年夏天，瓦特因為有事要去倫敦，回來的時候，就拿著羅博克的介紹信，順便轉到塞荷去。可惜博爾頓不在，於是由一位在塞荷製造廠內擔任顧問工作的斯毛爾博士作為嚮導，邀請他在工廠內詳細地參觀了一番。

　　「這樣好的設備！這樣好的組織！要是在這個工廠製造蒸汽機械的話……」瓦特當時就心動了，他非常羨慕這所塞荷製造廠。

　　翌年，為了蒸汽機的專利權，瓦特再度到倫敦去，回來時又轉到伯明罕，直到這個時候他才首次會見了博爾頓。

　　也就是從那個時候開始，瓦特和博爾頓之間建立起了長達一輩子的深厚友情。此後的幾十年中，不管發生什麼事情，都不能影響到這位大發明家和這位大企業家之間的深厚友情。

　　「瓦特先生！你來得正好，請你放心地在這裡住下去，並請到工廠去參觀一下。我還要跟你談談呢。」博爾頓高興地說。

　　瓦特見到生性寬宏大度而不拘泥小節的博爾頓，心情感覺輕鬆了不少。而博爾頓對這位初次見面的瓦特也非常欣賞，一下子就看出他不單是個天才的發明家，而且還是個熱心而謙遜的人。

　　從表面上來說，這兩個人的性格完全不一樣。

　　瓦特小心謹慎地從事發明工作，而又具有異乎常人的熱心和耐性，但對事業卻毫無把握。博爾頓卻是一個大膽、樂天、不畏

找到新的合作夥伴

困難的人，他是一個經常抱著遠大的理想、大刀闊斧實行的企業家。

　　就這樣，兩個人了解了彼此的個性之後，非但沒有疏遠，卻反而更加緊密地契合了。瓦特在博爾頓的塞荷住宅，過了約兩星期愉快的日子。期間，博爾頓曾詳細地傾聽了許多瓦特對於蒸汽機械的構想。

　　「瓦特先生！你的蒸汽機確是一種非凡的發明，如果能好好地努力下去，將來我一定盡我的力量來幫助你。」博爾頓這樣勉勵瓦特。瓦特想：要是有博爾頓這樣一位大企業家來參加，事情就好辦多了！「那麼就請先生多多指教了。請和羅博克博士商量一下。」瓦特說完就辭別了博爾頓回家了。不用說，瓦特一回到格拉斯哥就把這件事對羅博克說了。

　　「嗯！博爾頓先生是那麼說的嗎？」羅博克揚揚得意地說。連博爾頓這樣一位大企業家也那樣地關心，蒸汽機械的前途必定更有希望了。同時，對這樣有希望的事業，誰不想由自己來一手做出呢！

　　起初，羅博克同意把自己所有的 2/3 的專利權，分一半給博爾頓來共同經營，但是後來又變卦了，說道：「那麼，就把英格蘭中部三州的專利讓給博爾頓先生吧！」

　　博爾頓到底肯不肯接受這個條件呢？瓦特馬上把羅博克的話照實告訴了博爾頓。瓦特的命運就系於博爾頓的回音了，他度日如年地盼望著伯明罕的來信，一個月後才接到一封回信。

　　但是，博爾頓的回覆，卻令瓦特感到難過，因為博爾頓覺得

三州實在太少了。在回信中，博爾頓坦誠地說，他之所以援助瓦特的發明，一方面是基於他和瓦特的友情，但另一方面也是想借此賺錢。所以，他請瓦特無論如何體諒他的決定。

瓦特是多麼希望博爾頓能參加這個事業啊！

後來，羅博克博士雖然帶了新的提案，親自跑到伯明罕，和博爾頓直接談判，但是，這兩位企業家的意見始終無法取得一致。

「天有不測風雲，人有旦夕禍福。」禍福好比是連接著的繩子那樣，接踵而來。

羅博克的破產一經裁定，債主們紛紛前往討債。但是，沒有一個人對於蒸汽機專利權的價值加以認定，他們都目光短淺地認為這是一種毫無前途而又難搞的事業。

所以，當博爾頓決定以羅博克的債務作為抵償而取得該項權利時，其他的債權人莫不感謝地說：「謝謝！虧了您這才得以圓滿解決了！」

實事求是地說，能把瓦特的發明推向成功的人，走遍全歐洲恐怕也找不出像博爾頓那樣合適的人了。

博爾頓和不喜歡做生意的瓦特完全兩樣，他是一個大膽、熱心，有無限的活力、生性就喜歡做生意的人。事實上，他是一位天才的企業家，具有敏銳的眼光，凡事只要經他過眼就絕不會有差錯。

下自工廠機械的小小故障，上至歐美以及東方的市場，他都一目了然。而且在追求事業的成功上，他又有著比一切都來得重要的忍耐力。

找到新的合作夥伴

這樣，作為一個企業家，博爾頓可以說是天下第一的了，但他不是一個普通的商人。雖然在他很年輕的時候，因為投身商業界而中斷了學校的學業，但由於自己不斷進修的關係，所以他不僅很有修養，也很有見地。

博爾頓只有一次感到緊張，那就是得知瓦特的好友魯賓遜的一封來信的時候。當時魯賓遜在俄國，他要瓦特到他那裡去，並且保證會為他安排一個年薪 1,000 英鎊的職務。

面對著昔日好友的盛情邀請，瓦特當時有點怦然心動，當博爾頓聽到這個消息的時候，他開始憂傷地說道：「我開始為您當這位大使的吹鼓手而遺憾。」

他在給瓦特的信中這樣寫道：「天哪！當我聽說您被一隻俄國熊用大爪子拖往俄國的時候，我是何等的惶恐不安啊！如果另外有辦法，我祈求您不要走，但願您那燃燒的發動機會把您留下！」

魯賓遜的邀請對於瓦特來說，確實是一個不小的誘惑，但是好在瓦特選擇了抵制誘惑，他堅定地選擇和博爾頓在一起，並結下了那長達 25 年的緣分。

製造第一臺蒸汽機

博爾頓是一個大膽、熱心的企業家。他一直深信瓦特的發明是一件了不起的事。然而，博爾頓在承接瓦特這個蒸汽機時，並沒有對這個事業抱著一種必定成功的自信。

紐科門式蒸汽機成功的祕訣在於，紐科門和他的助手們本身都是作坊工匠，機器既由他們設計研製，又由他們製造。而瓦特則不是這樣，他只是設計模型，而由工匠們按照模型來製作，這使機器的製造受到了一些限制。

但是以現有的工業技術來說，是不是能把瓦特的設計順利地製造出來呢？

「我最擔心的是不能找到可靠的工人來製造你發明的蒸汽機。假使以現在的技術還無法製造出你的蒸汽機來，即使發明的構想很優秀，以工業界的觀點而言，它還是一個完全沒有價值的東西。」博爾頓並不擔心瓦特的設想，但是卻擔心沒有足夠的技術將這個天才般的設想付諸實現。

「是啊，我也是這樣想的。不過關於這一點，我倒是有個建議。」

「哦！是什麼？」

「我最初看到塞荷製造廠的時候，實在使我非常羨慕。那樣好的設備，那樣優秀的技工，如果有如此優良的條件，還不能把我的蒸汽機造好，那就是設計不好的關係了，我只有再把設計改良一下。」

製造第一臺蒸汽機

「好的，幸而在基納依爾裝配中的蒸汽機所有權是我的，把它移到塞荷去裝裝看吧！」

瓦特馬上將基納依爾的蒸汽機加以肢解，把鐵製品、汽筒、唧筒等重要的零件，嚴密地包裝起來，由海路轉送到塞荷去。

1774 年 5 月，瓦特 38 歲生日過去以後，他在提出了英巴納斯運河的報告書之後，就帶著兩個孩子離開故鄉蘇格蘭，向伯明罕出發了。

博爾頓非常熱情地接待了瓦特一家，並把自己的房子供給瓦特一家來居住。

從基納依爾運來的蒸汽機零件，馬上就在塞荷製造廠裡裝配起來了。慶幸的是技工的本領很優秀，所以一切都進行得很順利。

有了第一次的失敗經驗，瓦特這一次和塞荷的工匠們仔細地探討和說明了一些製造蒸汽機某些零件的關鍵。

開始的時候，瓦特為了解決活塞漏氣這個問題，做出了持久艱辛的努力。他早先在格拉斯哥的時候也是如此，為了解決這問題，瓦特做了許多種嘗試，採取了很多不同尋常的防漏方法。其中就包括採用馬糞和牛屎做原料，反覆輾軋製成紙張，還有帽子製作商製造的那種毛氈布，以及他在過去已經使用過的各種特殊的舊紙板等。

瓦特還嘗試過在活塞上面放重物，把襯墊給壓下去，所想的各種辦法都沒有取得成功，直到採用錫錠做的汽缸某部有裂痕之後，實驗才告結束。

「你好，威爾金森先生，關於活塞漏氣這個問題，應該採用什麼材料來製作呢？」

瓦特在經過種種實驗都告以失敗之後，曾經一度煩躁，這個時候他的合作夥伴博爾頓給他介紹了一個人 —— 著名的鐵匠約翰‧威爾金森。

威爾金森被人稱為「鐵狂」，是附近有名的鐵匠。他和他的兩個兒子約翰及威廉，是英國鐵匠中最早的兩大家族之一。威爾金森在鐵器方面有著卓越的技術，他還獲得一項新的鏜床的發明權。

威爾金森為瓦特製造了一個鐵製的汽缸，在以後的幾次試驗中，又幫瓦特解決了一些重要的技術難題，可以說，威爾金森的加盟，對於瓦特蒸汽機的成功發明，具有不可替代的作用。

假使沒有這樣一個技術超群的技術工人的加盟，瓦特即便是有再好的構思，恐怕也只能畫在紙上，而不可能成為影響產業革命的偉大發明了。

在各方面眾志成城的努力之下，第一臺蒸汽機終於成功了！

而這個時候，從瓦特開始研究蒸汽機械以來已經整整十年了，瓦特這才頭一次將自己成功的消息告訴故鄉的父親：

> 我在此地所做的工作，總算已告成功了。我所發明的蒸汽機現在正在轉動著，這比以往所做的任何蒸汽機都要來得好，我想這個蒸汽機對世界的人類將有更大的益處。

瓦特的研究終於成功了，但是他的合作夥伴博爾頓卻還有許多問題等待解決。

製造第一臺蒸汽機

瓦特作為發明家，只需要設計圖紙，交給優秀的工匠把他的設計圖變成現實可用的機器就可以了。但是他的合作者博爾頓，則需要將已經生產的機器成功地應用在工業化上面。

而要達到這樣的效果，除了有一股堅韌的毅力和奮勇拚搏的勇氣之外，更需要一份理性的長期計劃書，否則事情進行到一半，總會因為這樣或那樣的問題而中止。

擺在博爾頓面前最嚴重的一個問題便是瓦特蒸汽機專利權的問題。在 1769 年，申請專利成功之後，他所獲得專利權年限是 14 年，而現在 6 年時間過去，瓦特卻連一架蒸汽機都還沒有上市銷售。

博爾頓是一名企業家，企業家是需要考慮成本與利潤之間的價值關係的，在蒸汽機沒有上市的情形下，已經過了 6 年的時間了，那麼剩下的這 8 年的時間，是否能夠如事先預想的那樣，為全世界供應蒸汽機呢？

已經投入在蒸汽機研發實驗所耗費的高達數千英鎊的研究費用，什麼時候才能夠賺回來呢？

而且瓦特的蒸汽機不可能一上市就非常完美，今後肯定還需要經過多次的研究和改良，那麼這筆預算又要從什麼地方去支付呢？

如果將來真的能夠依靠蒸汽機來賺取大量利潤的話，那麼蒸汽機的專利權就必須要往後延遲，而且是越長越好。這樣的話，哪怕將來投資失敗，一無所獲，還能指望像羅博克那樣把專利權轉手出去，套取一部分現金。

博爾頓把自己的想法和瓦特溝通了一次。

「瓦特先生，我的想法我想你應該明白了吧！只有麻煩你了，請你到倫敦去一趟，努力爭取延長專利期限，不然的話，蒸汽機的製造將無法大規模實行呢！」

「我知道了，我一定會努力爭取。」瓦特信誓旦旦地保證。

1775 年的 2 月，瓦特告別博爾頓，帶著任務向倫敦出發了。這是他第三次去倫敦，距離上一次去倫敦已經過去了好幾年。

當時的英國議會，其組織和議員都不及現在來得健全，哪個行業賺錢，哪個行業在議會中的勢力就大，而在那個年代礦山業無疑是議會中最強大的勢力。

「不行！這件事情絕對不能答應。把已經授予的專利權期限延長這種事情，根本就無例可循。如果把這種獨占事業的提案予以通過，那就是無視公眾利益，全部為黑心的資本家牟利了。」

「專利權期限已經有明文公示，期限時間到達就應該給予世人無償使用。當年紐科門蒸汽機就是如此。瓦特先生這項提議完全就是出自私利，絕對不能答應。」

以礦山業主們為主體的議員們紛紛反對著。對於他們來說，開礦與蒸汽機的聯繫太密切了，如果蒸汽機的專利權期限結束，那麼他們將無償使用。

但是一旦瓦特的專利權期限被予以延長，那麼在相當長一段時間之內，他們只要使用這種蒸汽機，就必須要支付相當額度的專利使用費。

資本家都是唯利是圖的，又怎麼可能會讓這項提議輕易通過呢？

製造第一臺蒸汽機

　　平時生活中略有些怕羞的瓦特，這一次卻站起來了。有生以來，為了捍衛屬於自己的權益，他作出了最勇敢的辯解。

　　「我的發明能為大家所利用，我很開心，這是公眾的一種利益。但是，我這次要求延長專利期限，絕不是想獨占蒸汽機的事業，而是希望能將一直以來用在從事於發明的巨大費用，以及今後改良和完成蒸汽機時所需要的費用，盡可能地使用合理的手段爭取回來而已。無論如何，沒有法律的保障，蒸汽機這種事業是不可能健全地發展起來的。」

　　瓦特義正詞嚴地將這個道理向大家陳述了。遠在塞荷的博爾頓聽說了瓦特在議會上的陳詞，他下意識地察覺到這件事情的嚴重性，於是匆匆將手中的工作放下，馬不停蹄地趕往倫敦。

　　經過各方面的奔走遊說，議會終於通過了議案，準予瓦特的專利期限再往後延長 25 年。同時，專利區域也擴展到了蘇格蘭全境。

　　解決了專利權使用期限的問題，第一臺蒸汽機也如願地成功發明出來。偉大的發明家和雄心勃勃地企業家聯手合作，彷彿看到了蒸汽機事業輝煌的未來！

與博爾頓的真誠友誼

1776 年 3 月 8 日，經過各方面的準備，瓦特和博爾頓決定進行一次實驗，他們把這部 50 英吋高的大型蒸汽機架設在布倫田地上。

全國的礦山業者，以及科學界的名流們、工廠主們都紛紛跑來觀看這個具有偉大力量的奇異機械：瓦特的蒸汽機效果到底有沒有像他之前所宣傳得那麼好呢？

「準備好了沒有？開始。」

伴隨著瓦特的一聲令下，工人們將蒸汽機啟動了，霎時間，轟隆隆的蒸汽機便在曠野上發揮著無窮的力量，所有參觀的人都驚呆了。

瓦特的蒸汽機從構造上簡單地說，就是在老機器只有一個汽筒的基礎上，在外面加了一個汽筒。當汽筒內活塞升到頂部時，就把下面的活門關上，由上面的活門輸入蒸汽，借膨脹力將活塞壓下；而當活塞下降時，則關閉上面的活門，由下面輸入蒸汽，將活塞推上去。蒸汽一直在兩個汽筒間活動，完全沒有空氣的參與。

過去的紐科門機與其說是蒸汽機，還不如說是氣壓機恰當，因為它是借助大氣壓力而轉動的，避免不了漏入空氣的弊端。瓦特所發明的機器，用蒸汽的膨脹力，可謂名副其實的蒸汽機。這一天，瓦特的這個蒸汽機，就在眾目睽睽之下，發揮出它那無比

的威力。實驗的效果非常好，瓦特和博爾頓都大為滿意，於是就在塞荷製造廠內設了一個製造蒸汽機的工作場所，準備正式從事蒸汽機的製造。

「瓦特先生，訂單又來了。」

「是哪裡的？」

「剛剛接到了兩個大的蒸汽機訂單，一個是普羅斯利工廠，用來作為普羅斯利工廠的風箱的動力，唧筒的直徑要求是38英吋。另外一個是布倫福特煤礦廠用來抽水用的，直徑要求50英吋。瓦特先生，這些大概什麼時候能夠做好呢？」

「大概半個月吧！」

「那好，一切就麻煩瓦特先生了。」

以前製造的唧筒，直徑最大的也就是18英吋，但是現在上門訂貨製造的竟然出乎意料地達到了50英吋。這在技術上來說，需要多麼高的技術含量和謹慎行事呀！

但是這對於博爾頓來說，卻是一件再好不過的事情，只要能夠製造出這麼龐大的蒸汽機，並且切實地展示它的威力，那麼在宣傳方面，這就已經取得百分之百的效果了，以後的發展前景也就樂觀了。

瓦特不遺餘力地設計圖紙，工匠們也都一顯身手，盡心盡力地努力工作。蒸汽機的訂單越來越多，瓦特開始整天忙得腳不沾地。6月份的某一天，瓦特開懷地對博爾頓說道：「博爾頓先生，有件事情和您說一下。」

「什麼事情呢？」

「我想暫時回到格拉斯哥去。」

「是不是去探望令尊大人？」

「這是其中的一部分原因，事實上我這次主要是回去結婚的。」

說到這裡，瓦特略顯羞澀的臉龐上浮現出淡淡的幸福。

「那太好了。你有兩個小孩子拖累著，說起來真的是太不方便了，以前就想勸說你結婚。那麼，新娘子是誰家的姑娘呢？」聽到瓦特準備結婚了，博爾頓開心地笑著說。作為瓦特最好的朋友，他自然是樂於看見瓦特有個幸福家庭的。

「是格拉斯哥的染匠詹姆斯·瑪格萊加先生的女兒，名叫安·瑪格萊加。」

「那麼，瓦特，恭喜你了！預祝你新婚快樂！就快點回去吧！」懷抱著喜悅的心情，瓦特在 7 月裡回到了故鄉格拉斯哥，他先是回到格里諾克看望了自己在家裡休養的父親詹姆斯，然後又回到格拉斯哥大學拜訪了從前的一些好朋友。就在瓦特和安的婚事即將決定的時候，父親為了慎重起見，突然想看一看他和博爾頓所訂的共同事業契約書。

原來瓦特和博爾頓因為彼此互相信賴對方，對蒸汽機共同事業，從他們聯手合作開始，竟然只是口頭上作出約定，而實際上正式的法律文件卻還沒有簽約呢！

瓦特在給博爾頓的信中這樣寫道：

想不到這位老紳士竟要看一下我們共同事業的契約書。當然，到現在為止，我們還不曾訂過那種契約。可不可以麻煩你寫張合乎

與博爾頓的真誠友誼

法律的契約書，簽好馬上給我寄來？

我因為怕他老人家懷疑，就對老人家表示：像那樣的證件有是有
的，因為只有這麼一張，所以不便帶在身邊。因此，你在寄來的
時候就說是抄本好了。

事情總是這樣湊巧，瓦特的信件送到博爾頓手裡的時候，偏
巧律師不在，無法做一份法律上的契約書。惟恐瓦特著急，影響
到好朋友的婚姻，博爾頓只得匆匆地將內容的綱要寫了幾條條
文，以作為瓦特用來證明的證件，寄到格拉斯哥去。

這張半真半假的證件總算是瞞過了老人家，瓦特也順利地和
安舉行了結婚典禮。但此後瓦特和博爾頓兩人之間，就再也沒有
訂過什麼法律上的契約書。

瓦特和博爾頓兩人各以人格互相信賴著，像那種僅具形式的
證件，有也好沒有也好，對於實際上的事業根本沒有一點影響。

不斷改進蒸汽機

婚禮結束以後，瓦特將新娘帶回了伯明罕。那一年的整個冬天，瓦特都和新娘子在伯明罕度過。第二年的 3 月，他們遷到哈巴丘陵上的利傑恩茲居住，利傑恩茲位於塞荷附近，從製造廠步行約 15 分鐘就可到達。

瓦特的新房子建造得十分的華麗，以它為中心的地方不僅成為瓦特的工作本部，他的助手們也開始陸續搬到這裡工作。

對於瓦特這樣一個有著兩個幼小孩子的單身男人來說，這次結婚的目的很明顯，顯然是為了圖個方便。

但是後來這件事情卻被瓦特稱之為「自己一生中最為明智的決定之一」，可見這次婚姻經受住了時間的考驗，倒也不失為一樁十分美好的姻緣。

當瓦特不在的時候，塞荷製造廠收到了一批蒸汽機的訂單，博爾頓因此忙得團團轉，所以無法參加瓦特的婚禮。

當瓦特再次回到塞荷基地的時候，博爾頓正忙得腳不沾地，看見瓦特回來，他立即激動地說道：「哦！我親愛的夥伴，你可終於趕回來了。新婚愉快！打擾了你的生活，真是不好意思。」

「謝謝！沒事。怎麼樣，什麼事這麼著急喊我回來？」

「是這樣的，我接到了一個很大的訂單，倫敦郊外庫克公司的酒廠向我們預訂了一批蒸汽機。這件事情很重要，所以我才緊急地請你回來主持大局。」

不斷改進蒸汽機

「不是礦山要用的？」瓦特覺得很奇怪，以前的訂單大都是礦山預訂的，什麼時候酒廠也開始來向他們下訂單了？

「當然，礦山也有許多的訂單，不過我認為還是把酒廠要的這個先弄好送到倫敦去，因為以前我到倫敦的時候，就聽到了許多關於瓦特蒸汽機試驗失敗的負面新聞。

「尤其是那裡有一個叫做斯密頓的，他是一名優秀的技師，但是他不相信我們的蒸汽機。他專門從事裝配紐科門機，並對紐科門機加以改良。

「而對於我們這個更為優秀的蒸汽機，他總是持懷疑態度。上次我去視察約克大廈的時候，看門的老人就把紐科門機吹噓得像是神仙所做的東西那樣寶貝！不管我怎樣解說，他們也絕不相信還有比它更優秀的機械。」

「好的，博爾頓。我想我明白了，這一次我一定會叫他們大開眼界的。」

為了宣傳和維護瓦特蒸汽機的名譽，瓦特親自動手設計了五臺蒸汽機。好不容易，經過一番苦心製造的蒸汽機終於完成了，於是馬上送到庫克公司那裡去。

11月，瓦特親自送蒸汽機到達倫敦，但是他沒有想到，到了倫敦，竟然發生了一件怪事。

那一天，斯密頓來參觀機械，在詳細地看了一下機械的轉動情形之後，他不以為然地搖搖頭。

「這個蒸汽機倒是不錯，可惜太過於複雜，有點不切實用！」斯密頓說了這麼一句話就回去了，而當時的蒸汽機運轉都很正

常。可是到了第二天，蒸汽機卻在啟動時發生了故障。

「查！給我馬上查清楚！這到底是誰幹的？」經理維爾比怒火沖天，才剛剛購買的蒸汽機就發生這樣大的問題，任誰都會發火。他立刻召集了一些負責的工人實行檢查，終於查明是那天晚上技工都喝得醉醺醺，把蒸汽機亂七八糟地胡搞所致。

「好端端的這些技工怎麼會喝得酩酊大醉，又怎麼會想到去亂搞蒸汽機呢？又是什麼人使他們喝得那樣醉呢？」

酒廠的經理覺得事情沒有這麼簡單，於是他下令繼續嚴查，一再追究之下，終於查明了事情的原委，原來一切都是斯密頓搗鼓出來的。

怒火中燒的維爾比經理，當即就把斯密頓和一些惹事的技工給辭退了，並且誠摯地邀請瓦特把損壞的地方一一加以修復。

這樣一來，蒸汽機又正常地轉動起來了。而這件事情傳出去以後，瓦特的蒸汽機名聲也更加大了，倫敦的礦山業者們都紛紛前來參觀這個新的蒸汽機。

隨著新蒸汽機的漸為人賞識，也發生了一些令人困擾的事情，但其中最令瓦特頭痛的，就是工人的技術問題。原先塞荷製造廠本來有許多能幹的工人，但是隨著蒸汽機事業的迅速發展，新雇了許多工人，這些人裡面大部分是外行人。

「要把這些人訓練成一批熟練的工人，實在不是一件容易的事，我們需要想出一個辦法來解決這個問題才行。」有一天，瓦特對博爾頓說。

「對於技術，我不是很懂，你有什麼好辦法？」

不斷改進蒸汽機

「也說不上是怎樣的好辦法，我的想法是，這些工人不可能一下子把全部的技術都掌握，但是如果只是讓他們去做其中的某一個環節的話，我想還是相對容易的。

「所以盡量把工作分為幾個部門，使每一個工人分別去擔任一部分的工作。這樣一來，雖然他們不能在短時間內掌握全部的技術，但是在某個方面卻能夠熟練操作，成為優秀的熟練技工。」

「這倒不失為一個好辦法，那就馬上實行吧！」

於是工廠上下馬上實行分工制，新的辦法很成功。由於徹底實行分工的關係，不但培養了大批精於各個部門的優秀工人，而且工作的效率也提高了不少。

大凡機械工業越發達，分工也就越細，這是經濟學上的一大原則。在這方面，瓦特可說是時代的開路先鋒。

分工明確的好處是很明顯的，但是問題同樣存在。一旦這些工人們熟練之後，馬上就被別的工廠挖角了，通常是用高薪為餌來引誘他們，甚至於連法國、德國、俄國也都紛紛在動塞荷技工的腦筋。

面對著市場的惡性競爭，想要留住這些工人，就變得有些困難。

除此之外，還有一個更傷腦筋的事，那就是蒸汽機一旦完成，即使裝配好了，也缺乏具備操作技術的熟練工人。

在這種情形之下，瓦特只得盡量使機械簡單化，製造一種連普通技工也能加以修理和操縱的蒸汽機。

瓦特把他的蒸汽機予以重大的改良，那就是把它改為利用蒸汽的膨脹力。其實，在基納依爾的時候他就已開始了這個實驗，

當初因鑒於這種在活塞尚未完全移動時就停下蒸汽，而使其在汽筒內膨脹的操作方法，普通技工都感覺有點棘手，就暫時給擱了下來，但並沒有把原理放棄。

這種蒸汽機在經濟上來說，非常具備價值，因為可以節省大量的蒸汽和熱，所以，瓦特一轉到塞荷，又再度拿來仔細研究，終於做成了一件完整的機械。

瓦特經過十多年的研究，將它改為一半用蒸汽的力、一半用空氣的壓力而推動的機械。

正是有了這個發明，蒸汽機才能夠完全由蒸汽的力量推動，成為名副其實的蒸汽機了。

而且，伴隨著蒸汽機地不斷改進，這種利用蒸汽膨脹力的轉動方法，在以後的日子裡有了非常廣闊的發展前景，更是與人們的生活息息相關，尤其是對礦山業更是無異於一顆救星。

廣泛應用於礦山業

英國的工商業經濟發展得很快，而在當時，最大的產業就是礦業，從英國議會的勢力中也能看得出來當時礦業者是如何富有。

如果想要將瓦特的蒸汽機成功地推向市場，那麼最大的市場也肯定在這些礦業者身上，所以如何打開礦業者們的市場就成為纏繞在博爾頓心頭的一道沉重枷鎖。

在當時，礦坑越挖越深，滲出的水也隨著增多，如果說紐科門式的蒸汽機能夠解決這些問題，那麼那些英格蘭的礦業者們早就蜂擁而起都去使用紐科門蒸汽機了。

老天就像是在眷顧著瓦特和博爾頓一般，正在他們思考著如何打開市場的時候，礦業者們自己找上門來了。原來用馬力小的紐科門機，已經不能再解決抽水問題，因之視同廢坑的礦坑比比皆是。

尤其是作為英國礦業中心的康沃爾地區，由於作為燃料用的煤費上漲，礦業者們無不叫苦連天。

在煤礦方面，煤是他們所生產的東西，生產和銷售自然是不成問題。但是其他的礦產，卻需他們花費大量的運費從英格蘭其他礦區運來煤。

但是現在卻因為紐科門機不能發揮功效，而使得其他礦產白白地浪費掉，即便是這些富有的礦業者們，也都感到吃不消。

「瓦特先生，又要勞您的駕了，請您替我到斯華達去一趟。我剛剛和那邊的礦業主們達成了協議，我們在那裡做一次實驗，如果實驗成功了，他們就會大批訂購我們的機器了。

「瓦特先生，這是第一次的實驗，辦得好與壞，關係著今後這種蒸汽機在康沃爾地區的命運。一切就看你的了。」

博爾頓和康沃爾地區的礦業者們在經過了多次溝通之後，對瓦特這樣說道。

「好的，我知道了。這次的實驗，一定會成功的。博爾頓先生，你就等我的好消息吧！」

這是瓦特有生以來第一次來到礦山地區。瓦特騎著馬，登上滿是石頭的山坡路。附近的一帶，為了勘探礦石，地面上挖了許多像蜂巢似的洞口，周圍堆滿了無數挖出來的廢石子。

放眼所見的僅是機械和煙囪而已，景像極為荒涼。

「原來這就是所謂的礦山地帶，不是說礦山都是寶藏嗎？可是，怎麼會這樣荒涼呢？」瓦特不禁自語著。

康沃爾礦山地區差不多全為積水所困，已到了無可奈何的地步。雖然如此，但是很明顯，礦區裡的人對於這個新機械懷著敵意。尤其是紐科門機的技師們，看過這個新蒸汽機之後，不屑地說：「什麼話？！這簡直是玩具，還不值一便士呢！」

裝配好了的蒸汽機，樣子好像有點不對勁。鍋爐裡的火不能旺盛地燃燒下去，經過一番檢查，原來是棄置在煙道內的磚頭沒有拿出來。

還有，說是壓力表不靈活，瓦特跑去一看，原來是不需要的

廣泛應用於礦山業

地方全給銲接在一起了，機械也就因此完全不能動了。由於漏氣的關係，瓦特還詳細地把各地方都檢查了一下，甚至還用麻布來包紮活塞桿的頭部周圍。

「像這個樣子，到底能不能正常轉動呢？如果失敗了，那些暴性子的礦業者們，不知道還要怎樣說呢？」瓦特這樣想著，心裡不免有點擔心。

實驗的日子終於到來了，再多的擔心這個時候也無濟於事，瓦特只能盡心地做好實驗的每一個細節。那一天，為了想看一看這個龐大的怪物，從西部的礦山地區湧來了一群礦山業者和技師們。

「啊！不錯！」所幸實驗進行得很成功，瓦特蒸汽機那龐大的機體和轟隆的聲音，以及強大的馬力把那些膚淺的礦山業者們給嚇住了。嘎噠嘎噠！嘎噠嘎噠！蒸汽機發出轟然的巨響，抽動著唧筒，一下子就把坑內的積水全給吸光了。試驗全部完成之後，瓦特說：

「好像蒸汽機的聲音太過於吵鬧了，我得想個辦法把這種噪音減低一點。」可是技工們卻說：

「不必了，就讓它這樣吧！沒有那種巨大的聲音，我們還睡不著呢！」成績可以說是相當好。

瓦特這種新的蒸汽機與普通的機械比較，結果是只要耗費1/3的煤，就能抽取相同數量以上的水。起初對這個新蒸汽機抱著敵意的礦業者們，看到了瓦特這一次的實驗以後，他們原來的態度也大大地改變了。

因為大家對新蒸汽機的反應異常良好，所以塞荷製造廠接到了許多訂單。

　　「我實在忙不過來，請你馬上來吧！」博爾頓向瓦特求援。

　　不由分說，瓦特立刻趕了回來。

　　此後，差不多有四個月的時間，瓦特為了專心設計，整天伏在桌子上，無法離家一步。在這段時間，他們也陸續地接到了許多的訂單。

　　從那時起，一直到 1780 年之間，商會一共訂了 40 臺蒸汽機安裝在康沃爾地區；而紐科門機則徹底被淘汰，只剩下了有限的一兩臺。

　　瓦特蒸汽機有大批的訂單自然是好事，它的發展前景讓人開心，但是擺在瓦特面前最大的問題卻是他的身體吃不消了。

　　大量的蒸汽機的設計全部都只靠瓦特一個人，而在製作的時候，瓦特還需要和工匠們具體交流，這樣一來，瓦特本來就不算是強壯的身體立即就扛不住了。

　　1779 年 5 月，博爾頓又接到兩臺蒸汽機訂單，但是此時瓦特提出他的難處。

　　「博爾頓先生，聖誕節以前，請不要再接受訂單了。我的身體近來不是很好，已經有些吃不消了。」

　　瓦特向博爾頓訴說了自己內心的苦衷，作為瓦特好朋友的博爾頓，對於老朋友的身體自然也是極度關心的，當即推掉了手中新的訂單，而讓瓦特專心休養一陣子。

　　康沃爾地區所安裝的蒸汽機，起初的兩臺是無條件的，但是

廣泛應用於礦山業

一旦這種新的蒸汽機發揮了威力，商會就對蒸汽機的裝置附帶了一個條件，那就是：「新蒸汽機所節省下來的燃料費，其中的1/3，以25年為期，作為專利使用費，繳給商會。」

誰也沒有想到，這個看上去十分合理的要求，在日後竟然會成為制約瓦特蒸汽機發展的一個大問題。

雖然推掉了新的訂單，但是之前確定的訂單足足有幾十個，要想應付源源不絕而來的訂單，製造一批批新的蒸汽機的話，首先必得將工廠擴大，此外也得增加設備、貯存材料，僱用大批技工，如此一來，勢必非增加資本不可了。

可是投入那樣大的資本，什麼時候才可能回收呢？再說，把事業擴大到超出其資本以上的博爾頓，隨著蒸汽機事業的發展，資金更是日益緊缺了。

更為關鍵的是，那個時候經濟不景氣，伯明罕的銀行根本不肯通融一下他們所需要的貸款。

有一天，博爾頓和瓦特商量：「瓦特先生，能不能將康沃爾礦山一些裝置中的蒸汽機作為抵押，向康沃爾的銀行家借點錢呢？」

瓦特搖搖頭說道：「沒用的，要是讓人家知道了我們在鬧窮，那麼康沃爾商會的信用不就化為烏有了嗎？而這邊的銀行本身也感到力不從心。」

商會的保險箱終於變成一個空箱子了。

博爾頓的合夥人福薩基爾沮喪地說：「像這樣繼續走上沒落之途和死命競爭，不如馬上停止投資，集合一些債權者來商討解決的辦法來得好。」

事情發展到了這個地步，瓦特實在是無能為力了。

　　只有博爾頓堅定著自己的信念，雖然眼前的局面困難重重，但是他始終神態自若，無論遇到怎樣的困境，他都要把事業一步步推行下去，越是困難越增加了克服的勇氣。

　　正在商會資金枯竭、日漸萎縮下去的時候，又發生了一件更為麻煩的事情。

　　有一天，博爾頓和瓦特正在工作的時候，忽然之間傳來了一陣驚叫的聲音：「火災！」

　　博爾頓打開窗戶一看，工廠已為陣陣的黑煙所包圍，紅紅的火焰也已升到屋頂上來了。工人們拚死相救，這場火災總算是得以熄滅，可是屋頂也因此坍塌，工廠損失慘重，大家的工作不得不因此暫告停頓。

　　看了這個情形的博爾頓，不但沒有心痛之色，反而神態自若地笑笑道：「好啦！這回總算是可以把機械房弄得更為像樣一點了。」

　　博爾頓以前曾一度想把機械房改建為更像樣的廠房，但是因為種種原因一直沒能夠實現，現在正好藉著這次火災來加以重整。

　　康沃爾商會以博爾頓和瓦特兩人共有的一切權利作為抵押，終於從倫敦的銀行貸了一筆可觀的巨款。博爾頓和瓦特總算是能夠鬆一口氣了。

新的旋轉機械的發明

隨著蒸汽機事業的不斷發展，瓦特的生活也開始變得更加忙碌，有時候一連好幾天都在工作崗位上不能休息。

1780 年的秋天，為了解決蒸汽機專利權使用費的問題，博爾頓親自到了康沃爾，特地來和當地的礦山業主們簽訂協定。順便，他也考察這個即將成為自己事業一部分的礦山地區。

蔓延在英國的經濟危機，牽涉到了各個行業，礦山業作為英國最強大的一個行業也受到了牽連。當時的經濟非常不景氣，所以往往會出現許多購買了蒸汽機但是又付不出錢的情況。

商會迫不得已，只好將蒸汽機的價款作為投資，變相地成為礦山開發事業的股東。而且類似於這樣的事情層出不窮。

「我本來對於礦山業就不感興趣，但是這樣下去總歸不是辦法。既然他們無力償還，不如就讓他們用礦山的股份做抵押，我們自己加入礦山業，好歹先辦辦看再說了。」

對於總是發生這種事情，博爾頓感到十分無奈，當他來到康沃爾礦區之後，就這樣和瓦特商量。

「現在各行各業都不怎麼景氣，走一步看一步吧！我們自己加入礦山業也好，說不定能夠有新的突破。」

瓦特同意了博爾頓的意見。這樣一來，博爾頓和瓦特也就從塞荷一起搬到礦山去住了。

他們的新家是一所老式的房子，庭院裡面種著許多果樹。房

子周邊有十幾架商會的蒸汽機在工作著。因為工作的需要，瓦特和博爾頓時常從家裡騎馬在礦山地區來回奔馳。

眼看著蒸汽機事業蒸蒸日上，成功指日可待，以前所有的努力和付出都將得到豐厚的回報，而蒸汽機也將造福於人類，為國家事業做出巨大貢獻。誰也想不到，意外從天而降，英國竟然掀起了一場所謂取消專利權的運動。

「從礦山業來說，要是取消了這種專利權，礦山業者們也就可以把成本大大地減低了。從更廣闊的方面來說，取消蒸汽機專利權也能給其他國家事業帶來不少的利益。」

「這種蒸汽機專利權是一種不合理的權益，應該予以取消。某些人佔有蒸汽機專利權，就是想獨占這種事業，這是私利，應該杜絕。」

「只要取消了蒸汽機的專利權，採礦的成本就能夠大大降低，而且煤礦和其他礦石的價格也都能降下來。」

議會上，以礦山業者為主體的議員們紛紛發表評論，要求取消蒸汽機專利權。

當瓦特聽到這種言論的時候，不禁怒火中燒。一想到自己發明蒸汽機所碰到的種種困難，他就感到十分的憤慨。

「你們攻擊我們，說我們的事業是一種獨占事業，可是，你們的礦山能夠大規模地繼續經營下去，不也全靠了這個獨占事業嗎？再者說，我們的蒸汽機為你們節省了大量的燃料費用，你們獲得了 2/3 的利益，我們這邊也不過得 1/3 而已，而且就是這僅剩的 1/3 的利益還因不景氣的關係一拖再拖。

新的旋轉機械的發明

「蒸汽機是我耗盡了心血才發明出來的，這個過程中間花費了大量的金錢用於實驗。而你們呢，你們坐享其成，原本就只花費了那麼一點錢，現在卻還想取消專利權。你們自己說說，這樣做，算是什麼道理？」

一向略微有些怕羞的瓦特忍無可忍，能夠讓他發表這樣激昂的言論，可見這次的風波對於瓦特的打擊有多麼大。

「附有凝結器的蒸汽機是我製造出來的，這個發明花費了我莫大的心血，可是他們卻想來搶奪。」瓦特的控訴終於起了作用，礦山業者向議會的請願，最終只是引起一場爭論而已，並沒有付諸實際的行動，最終不了了之。可是，這卻促使瓦特有了一個新的發明設想。

「瓦特先生，今天想和你商量一件事。」有一天，博爾頓這樣說。

「什麼事？請儘管說好了。」

「是關於蒸汽機的事！現在所用的蒸汽機僅是做上下運動而已，有沒有辦法使它成為一種旋轉運動呢？」

「關於這個問題，我以前已經考慮過了，我相信利用曲柄一定能辦得到的。」

「是嗎？就請瓦特先生開始著手這項發明吧！我想，要是能夠成功的話，它的用途是非常廣泛的。可以用之於紡織業，也可以用來推動車子，此外像金屬工業、造紙廠、造酒廠等一般的製造工業方面都可利用，當真是一件利國利民的好事呀！」

作為一個成功的企業家，博爾頓目光長遠，對於蒸汽機的前途具有先見之明。

瓦特一聽，振奮地一拍大腿，激動地說道：「好的！我馬上就進行研究。蒸汽機的用途一定要多元化，如果僅僅只是像現在這樣，以礦山的排水用唧筒為主要對象，那就又得受康沃爾那些傢伙的氣了。

　　「我應該趕快把蒸汽機的上下運動改為旋轉運動，加快完成蒸汽機的改良。這個發明越早完成越好，到時候也讓那群目光短淺的傢伙們好好地開開眼界！」

　　瓦特想到了這點，就馬上著手設計了。

得力助手的幫忙

　　新的旋轉機械的發明，如瓦特所說的那樣，真的很快就完成了。這也許是瓦特很早以前就有想法孕育在腦海中的緣故吧！

「博爾頓先生，旋轉機械完成了！」

「這麼快？你可真是天才。不過你可要小心點，不要給人家偷走了這麼重要的發明。我聽說我們工廠混進來了好多的奸細，準備打我們蒸汽機的主意呢！」

　　事實上，在專利權取消風波過去以後，已經有很多人盯上了瓦特的發明，在塞荷製造廠的附近混進了許多想偷取瓦特發明資料的人。

　　無論瓦特怎樣保密，但是對於自己的技工，想要完全不予一點指示，那是不可能的。也許可以在某些方面加以保密，但是圖紙設計完了之後，對於模型的製造，總需要那些技工們動手製造。

　　有一天，一個土頭土腦的鄉下青年到塞荷來找瓦特。他剛剛走進廠房，就被門房攔住了。

「喂！小夥子，你是來找人的嗎？」

「是的，大叔。」小夥子用蘇格蘭鄉下的口音很拘謹地說道：「我是特地從蘇格蘭趕過來的，請問瓦特先生在嗎？」

「不巧得很，瓦特先生不在。你是特地從蘇格蘭來的？有什麼事嗎？」門房不停地打量著這位有些特殊的青年，他總覺得這個青年有著不同尋常的地方。

「啊！瓦特先生不在？那就糟糕了！」聽說瓦特不在，青年有些失望地說道。

「請問，你認識瓦特先生嗎？」

「認識到不認識，只不過是同鄉罷了。」

「那麼，既然你不認識他，找他又有什麼事呢？」

「是這樣的，我想在這個廠裡找個工作，所以，才大老遠地跑來呢！」

「哦！原來是這樣呀！」門房又把這位青年從頭到腳打量了一遍。

「那麼，就請你等一下吧！我去和博爾頓先生說說，看他是什麼意見吧！」門房一邊說著，一邊往裡面走去。一向正直且人緣又好的博爾頓聽說了以後，很爽快地答應見見這個青年。年輕人很快進了博爾頓的辦公室。博爾頓對於青年的第一感覺極好，一看之下，覺得他是個身材結實且頗為誠懇的年輕人。

「聽說，你想到我這個廠裡來工作？」

「是的，先生。」年輕人的臉因為緊張而漲得通紅。

「那麼，你有沒有機械方面的經驗呢？」

「家父是個水車匠，我一直在幫他工作。」

「可是你要知道，水車匠和機械方面的技工完全就是兩碼事，水車匠在機械方面是不行的。」

「是的，但是我老是做水車匠的工作，也沒有出息呀！而且我聽說瓦特先生在蒸汽機方面有偉大的成就，因為我跟他恰好是同鄉，所以才……」

得力助手的幫忙

博爾頓覺得眼前的這個年輕人倒是不錯，性格直率、坦誠，毫無半點掩飾。但是除此之外，還看不出他有任何專長。

博爾頓並不想因此而錄用這個年輕人，畢竟水車匠和機械方面的技工相差十萬八千里。工廠只需要技術嫻熟的工人，而眼前的這個年輕人顯然是個外行。

「是這樣的，年輕人，你的態度很誠懇，我也很喜歡你這樣直率的青年，但是我們工廠現在工作並不怎麼忙；而且，也沒有空缺可以安插新人。對此，我非常抱歉。」

「是嗎？」

「當然，假如你有什麼特別的本領，那就又另當別論了。」

博爾頓這麼一說，這個鄉下的年輕人緊張得不知所措，看來這份工作對他來說真的非常重要。他兩隻手機械地玩弄著手中的帽子，失望地打算離開。

「嗨！你的帽子有點特別！」

博爾頓不由得被年輕人手中的帽子給吸引住了，這是一頂很特別的帽子，不是毛氈，也不是布類，而是用一種特別的材料做成的，上面還塗上一層漆。

「那是用木料做的。」看見博爾頓很感興趣的樣子，青年有些不好意思地說。

「什麼？木料做的？我還是生平第一次看到這樣的帽子，它是怎麼做的呢？」

「這是我用自己的旋盤機做成的。」自己使用旋盤機來製造？博爾頓再度注意看了一下年輕人的臉，頓時覺得這位年輕人確有

了不起的地方。沒有相當的機械知識和技術是不可能造一頂木製的帽子的！博爾頓馬上改變了自己的主意，他決定留用這位名叫默多克的青年，把他安排在了工廠裡。

博爾頓應該為自己的這個決定感到慶幸，因為默多克確實是一位非常優秀的年輕人。他到底沒有辜負博爾頓的期望，無論什麼事情，都能盡最大的努力來完成，很快地就超過了其他技術平庸的技工，大顯身手。

瓦特對他也是讚不絕口，而其他的工人則有點嫉妒這個默多克。

由於默多克的勤勉和很好的技術，漸漸地為人所信任，他在工廠裡面的地位也漸漸地高了起來。沒多久，一些責任重大的工作，也開始全都委任默多克負責了。

默多克的出現非常及時，他幫助瓦特解決了很多難題，可以說受益最大的是瓦特。一直以來，瓦特感到最傷腦筋的就是新蒸汽機的裝置，因為在這方面沒有一個技師能夠勝任。一臺蒸汽機的出爐，瓦特不僅要親自設計好圖紙，口頭指示，還要指導工人拿著每個部分的詳細圖案或文件照他的方法去做。

由於一般的技工都懷著苟且、偷懶的心理，所以製造出來的蒸汽機，總是會發生故障。這樣一來，瓦特對於每一個細節就等於是要親力親為，忙得不可開交。

自從派默多克到康沃爾來擔任蒸汽機的監督工作之後，就不再有這種令人操心的事了。默多克對於職務的那份熱心程度，就連瓦特也為之欽佩不已。默多克對於工作的熱心程度讓人吃驚，

得力助手的幫忙

不久之後發生的一件事情，更讓人們覺得又好氣又好笑。

事情是這樣的，有一次，默多克把一架新蒸汽機的準備工作弄好了之後，當天晚上，他所住公寓裡的鄰居，在半夜時突然聽到一陣不知從哪裡發出的怪聲，嚇得爬起來跑去看個究竟。

只見默多克只穿著一件襯衫，一手握著床欄杆，一邊高喊起來：

「蒸汽機動起來了！動起來了。」原來，他是做夢時夢見自己正在安裝機器。默多克不單工作熱情，而且身體結實，很是勇敢，而這正是瓦特所欠缺的。瓦特雖然征服了科學，但卻無法很好地處理好人際關係，尤其是對於和礦山的人接洽事情感到非常的痛苦。生性膽小而多愁善感的瓦特，一遇到粗暴的礦山人，簡直就不知所措了。

在塞荷工作了一段時間之後，在默多克的努力下，他很快就和礦山的工人們熟稔了。有一天，康沃爾礦山監督們來找默多克的麻煩。

「喂！到底在搞什麼？」他們帶來了好多人，吵吵嚷嚷地跑到機械室來。默多克一言不發地張大眼睛瞪著他們，「砰」的一聲，默多克冷不防地就把門給鎖上了。

「今天，非得在這裡一個個地好好修理修理你們不可，不然的話，你們誰也別想離開這裡。」默多克說完，就脫掉了上衣，露出了他那結實的肌肉。

「你！就是你！你像是最強的人，好吧，上來吧！」默多克把他們中間樣子較為粗壯的一個傢伙給拉了出來，那人雖然表面

上看起來很結實，但其實外強中乾，被默多克這麼一拉，立即嚇得不敢動彈。默多克迅速地擺了個拳擊的架勢，其他的一些人都看得目瞪口呆。不到一分鐘的時間，便分出了勝負。默多克強而有力的拳擊，只這麼揮了一拳，對方就已倒地了。其他的監督們看到這種情況，紛紛與默多克和解，從此以後，他們成為好朋友。

　　就這樣，默多克無論在工作上或是對付那些粗暴的人方面，他都成為瓦特最得力的助手。有了他以後，瓦特終於可以放下心，好好地鬆了一口氣，騰出精力去研究其他的發明了。

發明速印版印刷

1778 年的夏天，由於自身的需要，瓦特發明了速印版的印刷。那個時候，瓦特有許多必須要寫的信件，所以常常為了抄寫許多祕密的信件或文件而傷透腦筋。

於是，瓦特發明了一個經由透印版來複印信件的好方法，就是把用液質墨水所寫的東西放在潮溼的紙上，而用滾筒使力壓擠的方法。

最初的時候，瓦特這個發明只是用來給自己製造便利用的，但是後來不知道怎麼回事就流傳出去，甚至有人仿製了那臺機器，而想借此發財。瓦特沒有辦法，這才在 1780 年的 5 月申請專利權。

瓦特沒有想到，原來只是簡單的一紙申請，竟然會惹來諸多的非議。很多人都認為這種影印機會助長偽造文書的盛行，所以大加反對。銀行家們也贊同此說，並且對於此種機械的製造和出售，提出了強烈的抗議。

但是最後影印機還是慢慢地發展起來了。能給人們提供便利的東西，最終還是受到歡迎的。

1780 年年底的時候，瓦特的影印機一路暢銷，最初的 150 臺已經通通賣完了，可是，訂單還是像雪片似的飛來，甚至國外也來定製了 30 臺。到了後來，影印機甚至成了一種新型的行業而遍布世界。

在這期間，蒸汽機事業也在同步高速地發展。在博爾頓的繼續努力下，訂單數量屢創新高，旺盛的需求使得他們需要將工廠的規模再度擴大，而這樣一來，就需要一筆更加龐大的資金的支持。

為了籌集足夠的資金，博爾頓想方設法，可以說能用上的手段他全部都用上了。他先是賣掉了妻子所有的土地，接著又把父親所有的土地也差不多全賣光了。

剩下來的一些財產，他也無所顧忌地全部拿去抵押，對於籌集資金可說不遺餘力。

此外還向朋友們借了許多錢，銀行方面的透支也達到極度危險的限度了。

「到了這個地步，只剩下最後一個辦法了，那就是把礦山在蒸汽機方面所繳納的專利使用費，作為抵押來借錢。」

博爾頓為了事業的發展，可以說是竭盡全力，付出了他所有的努力，甚至連老本也都賠上了。

而不善經營的瓦特在看到事業逐漸擴充下去的時候，卻益發覺得無能為力了。他只能默默地支持博爾頓，祝福他好運，而做好自己的本勞工作，盡自己最大的努力去幫助他。

「不知道怎麼回事，伴隨著事業越來越快速的發展，我反倒是隱隱有些害怕了。當別人看到新的訂單的時候會感到開心，而我卻是感到莫名的惶恐。」瓦特的日記中，這樣記載著他當時誠惶誠恐的心情。

博爾頓為了這個事業，已經投下了他全部的財產，而且除了建築物、設備、薪水、材料等資金的調度以外，還要負擔瓦特的

生活費。那時，博爾頓每年支付給瓦特 300 英鎊，而這筆錢是從鐵器類的製造部門撥出來的。

瓦特是個鑽研學問的發明家，博爾頓則是個活躍的商人；瓦特能使機械轉動，博爾頓則能處理各種人際關係，使人心悅誠服。兩個人各有所長，也正是兩個人的精誠合作，才能在蒸汽機事業的道路上越走越遠。博爾頓的事業現在看起來是發展得越來越好，但是隱患也越來越多，而那些意圖竊走瓦特專利權的人也加緊了他們陰謀的布局。瓦特和博爾頓雖然做了多重的防範，但是最終還是沒能防住那些陰險的剽竊者，而最終使得瓦特痛失曲柄的專利權。

1780 年夏天，一個星期六的下午，塞荷工廠的技工們下班以後照例都湧到街上的酒店裡喝酒。大家三五成群地圍在桌子邊一面喝著啤酒，一面誇說自己經手所做的一些優異的機械。

其中有一個模型製造工，叫迪克·卡特萊特。當時他被朋友們灌了幾杯酒，喝得酩酊大醉，他向周圍的人大聲地炫耀著：「哼！你們那些東西算什麼！我告訴你們，我製作的模型才是最優秀的，沒有人能夠比得上我。這也是瓦特所發明的東西當中最為優秀的了。」

「哈哈！迪克，你喝醉了，在說夢話吧！」

「就是，就是，你倒是說說看，你製作了什麼了不起的模型了。」

周圍的人有意無意地起鬨道。

「那便是旋轉機械！」迪克想都不想地脫口而出。

「旋轉機械？那是什麼東西？」人群中，不知道是誰問了這麼一句。

「嘿嘿！不懂了吧！以往的蒸汽機不是只能把東西提上或放下嗎？現在的發明是把上下運動轉變為來迴旋轉的一種設計呢！」迪克酒意上湧，高聲炫耀道。

「原來是這樣，這可真是個了不起的發明呀！那麼，這個機械一定是相當的複雜了吧？」有人窮追不捨。

「聽起來是很複雜，但是真的做起來，卻還是很簡單的。它是利用曲柄，這樣……」

說到精彩處，迪克忍不住拿起粉筆，一邊解說，一邊在桌子上畫了個草圖。

「原來是這樣！瓦特真不愧是偉大的發明家呀！」

技工們都大為嘆服，他們湊在一起非常熱鬧，根本就沒有注意到周邊都是一些什麼人。

就在這個時候，有一個技工打扮的男人，坐在屋角的一張椅子上，一面偷聽他們的談話，一面不停地在寫著。技工們卻一點也沒有注意到。

瓦特實在夢想不到，像曲柄這樣的東西，竟有申請專利權的價值。

曲柄這個東西是一種極平常的機械設備，在那個時候，已被廣泛地用於各種紡織機，以及各種手搖磨刀石上，已經是一種相當平常的東西了。

所以，瓦特認為，利用曲柄將蒸汽機的上下運動改為旋轉運

動的設計，根本就沒有另外再申請專利的必要。

　　而那個躲在暗中偷聽到這個發明的男子，卻不這麼認為，他覺得這個發明大有可為。於是他馬上跑到倫敦，比瓦特搶先一步取得了這項發明的專利權。

　　1780 年 8 月 23 日，瓦特辛苦研究出來的曲柄旋轉活動的專利權落入伯明罕一個名叫斯蒂德的鈕釦製造業者的手中，而發明者卻是普利斯多的一個名叫俄許巴拉的機械師。這名男子大規模地經營鐘錶製造業，瓦特以前為了製造管嘴形的東西，曾經請過這個人。

　　瓦特聽說這個消息之後暴跳如雷，但是這個時候他也沒有任何的辦法，專利權都已經被人家申請了，要怪就只能責怪自己沒有專利權意識，早在當初發明這種產品的時候沒有去維護。

　　瓦特靜下心來，他決定要好好地設計新的發明，藉以替換掉以前的曲柄裝置。

維護專利使用權

　　蒸汽機的事業在博爾頓的努力下高速地發展著，但是每個月到了 15 號，博爾頓就開始愁眉不展。

　　博爾頓的工廠每個月的 15 號發放薪水是歷來的規矩，而每到 14 號的晚上，博爾頓就不得不為籌措工人們的薪水而四處奔波。

　　從那時的財務檔案來看，已裝好的蒸汽機所能收到的使用費每年大概是 4,330 鎊，再加上一些還沒有完工的半成品，這樣一年大約是 9,000 英鎊。

　　這筆利潤看起來很龐大，但是實際上由於經濟不景氣的關係，礦主所應繳納的使用費，到最後能收回來的寥寥無幾。所以，儘管博爾頓的工廠規模越來越大，但是實際上資本問題始終都是個大問題。

　　「沒有關係，大家不要擔心。只要這次危機過去，一切都能迎刃而解，大家再耐心忍受一陣子就好了。」

　　樂天又熱心的博爾頓總是這樣勉勵大家，可是礦山業的發展非但沒有像他所說的那樣好轉，相反更加不景氣了。

　　而更讓博爾頓感到憂心的，就是他和瓦特都有股份的一個大礦山，由於產量的銳減，加上礦石價格的暴跌而虧本。其他的礦山也有同樣的情形。對此，他們大感頭疼。

　　「瓦特先生，請把蒸汽機的使用費再降低一些吧！再這樣下去，礦山遲早會倒閉的。」

維護專利使用權

一些別有用心的人打起了專利權使用費的問題。為此，瓦特和博爾頓又不得不想方設法予以還擊。專利權是他們的根本，絕對不可能作出任何讓步。

身為企業的主心骨，面對著困難重重的局面，博爾頓的經營辛苦程度，實在不是我們今天所能想像得到的。幸好，一向精神飽滿、健康而活躍的默多克，一如既往地支持他和瓦特。

有一天，默多克所監督的蒸汽機不知道什麼原因突然停了下來，坑內馬上浸滿了水，礦工們迫於水勢無法再工作下去。

粗暴的礦工們氣勢洶洶地衝了上去，默多克的神色並沒有改變，他不慌不忙地推開這些暴躁的礦工，走到機械室裡去，不到一刻工夫就把損壞的蒸汽機給修好了。

默多克的幫忙多少解決了一些麻煩的事情，但是這個時候又發生了一件讓瓦特十分煩惱的事情。

雖然議會所進行的專利權廢止運動已告瓦解，可是取而代之的卻是大家無視專利權的存在，一窩蜂地進行偽造瓦特蒸汽機的計劃。

最使瓦特難過的，是帶頭偽造瓦特蒸汽機的人，竟然就出現在自己身邊，還是他曾經著重培養的人！

這個名叫洛亞的男子本來是一名普通的技工，但是因為他心靈手巧，後來曾經被瓦特調到身邊做助理，而他的全家也都曾經受到過瓦特的照顧。

「我已經發明出比瓦特蒸汽機更為優秀和實用的蒸汽機了。」洛亞開始恬不知恥地這樣宣傳。

「既然洛亞的蒸汽機更好，我們以後就不要再用瓦特的蒸汽機了。用他的還要給他蒸汽機專利費呢！」

甚至有人開始這樣提議。當這話傳到瓦特耳邊的時候，這位一直為了發明默默貢獻的人傷透了心。

「身處在這樣一個變革的時代，真的好累，道德在逐漸淪喪，人們為了追求更多的利潤可以不擇手段，一些有價值的理念往往還在思考階段就已經被人奪去了，這實在令我難過。」瓦特不禁悲嘆起來。

發明平行運動裝置

　　1782 年，瓦特終於取得了旋轉機械的專利權，好事接踵而來。就在這時候，瓦特最重要的助手默多克成功設計出一種日月齒輪的東西，而且這個日月齒輪的設計可以完全代替曲柄。

　　喜事一件接著一件，伴隨著瓦特取得旋轉機械的專利權，他同時也取得了複動機械的專利權。

　　過去的蒸汽機是一種單動機械，蒸汽只能由活塞的一邊導入，但是這次發明的複動機械，則是由活塞的兩頭輪流導入蒸汽的形式，同樣大小的汽筒卻能比單動機械增加兩倍的動力。

　　隨著複動機械而發生的問題，就是活塞和橫梁的連接問題。在複動蒸汽機方面，活塞具有一拉一推的作用，所以需要特別設計一種使之連接於橫梁上的活塞桿，才能夠使它不彎曲地做垂直的上下運動。

　　1784 年，經過長達三個月的辛苦研究，瓦特終於解決了這個問題，並且獲得了平行運動裝置的專利權。平行運動也可以說是三桿運動，利用三根桿子的運動轉為一種直線運動，而由這種直線運動來使活塞桿運動。

　　瓦特一生做出了無數重大的發明，但是只有這個平行運動裝置，才是他最得意的發明。他曾經這樣對他的兒子說：「在我所發明的東西里面，只有平行運動裝置這一項最令我感到驕傲。」

　　之後，瓦特又發明了一種重大的東西，那就是調速器。

在以前，單動的蒸汽機的活塞運動速度是不能夠調節的，並沒有用手來調整快慢的活門，為了使速度平均起見，複動的旋轉機械就必須裝上一種自動的調整器。

瓦特在這個問題上和助手默多克多次探討，在這種情況下終於發明出了調速器。

1782 年，最早的旋轉機械完成了。沒有想到這個新的機械竟然受到大家普遍的歡迎，各方面的訂單如雪片般飛來，其中甚至有玻璃業、生鐵業等，蒸汽機的應用範圍大大擴大了，再也不是從前那種只能用來給礦山抽水的小機械了。

在蒸汽機沒有發明以前，社會生產力不高，人們普遍用來作為動力的除了水車之外，就是利用馬的力量。那個時候，以馬作為動力而加以使用的技工們，對於馬的能力知道得很清楚。

瓦特決定把馬的力量作為衡量發動機效率的標準。

1783 年，瓦特根據手頭的資料開始推算馬的力量，最終得出了一個科學合理的數值，那就是一匹馬在一秒鐘內將 75 公斤的重量可以舉高到 1 公尺。

根據計算出來的結果，瓦特為馬的力量下了個定義，此後商會所製的蒸汽機也都分別標明是幾馬力了。直到現在，所有的蒸汽機還都是使用「馬力」作為衡量發動機效率的單位呢！

在首都倫敦，第一個安裝瓦特這種旋轉蒸汽機的是固特威因公司的釀造廠。使用它之後，釀造廠不但是減少了成本，而且效率大為提高，固特威因公司也憑藉這個大賺了一筆。

倫敦其他的釀造廠眼紅了，眼睜睜看著固特威因一家大賺特

發明平行運動裝置

賺，他們當然不甘心，一打聽之下知道是用了瓦特的旋轉式蒸汽機，於是紛紛向博爾頓工廠下訂單。

不出幾年，全倫敦的釀造廠幾乎全部都使用了瓦特的這種新式蒸汽機。

「依賴水車或馬匹的時代已過去了，蒸汽機的時代到來了，一切都得靠蒸汽的力量來轉動。」

旋轉式蒸汽機的大賣，更是增加了博爾頓對於蒸汽機事業的信心，他樂觀地認為蒸汽機的時代到來了。

「我打算在世界的工業中心倫敦，創設一個以蒸汽機為動力的模範工廠，藉以顯示蒸汽機的威力。」

博爾頓決定在倫敦開設一家麵粉廠，1784年博爾頓召開了公司股東大會，會議一致通過了他的這個決定。於是博爾頓馬上向當局政府申請設立工廠。

但是博爾頓怎麼也想不到，原本計劃周詳的事情竟然遇到了天大的阻力，新工廠還沒有開業就受到了全部麵粉商的強烈反對和阻撓。

「要是開設了那樣大的麵粉廠，不是把那些用水車或風車的麵粉商的生意全給搶走了，他們沒有了生意，工人不也跟著失業了嗎？這麼多失業人口，政府要怎麼解決？」

「一旦這樣的麵粉廠成立，肯定會造成價格上的不穩定，到時候一場價格戰在所難免，如果造成麵包市價的暴跌，市場一定會發生大混亂的。」

對於麵粉商們的無理取鬧，博爾頓真的是又氣又恨，他使盡了渾身解數，想盡了各種辦法，採取分化孤立的政策，收買了麵

粉商中間一些實力稍小的，軟硬兼施，終於把建立麵粉廠的許可證弄到手了。

　　但是這樣一來，博爾頓和倫敦的麵粉商們結下了仇恨，在以後的競爭中，雙方陣營勢同水火，始終相持不下。

　　1784 年年底，瓦特所設計的大型蒸汽機已開始在塞荷製造廠裡製造了，工廠的建築工程也在進行中。在另一方面，來自蘇格蘭的年輕機械師約翰・萊尼則負責裝置製粉機及精製機。

　　兩年以後，工廠的準備總算大功告成了。

發明與事業雙重成功

他們所使用的蒸汽機有 50 馬力，兩架蒸汽機同時發動，能使直徑 137 英吋的兩座石臼同時轉動 12 次。

當時，麵粉廠的製粉量一小時可達五噸，可以說是當時最大的機械化工廠，因此也就成為倫敦的名勝之一。

每天到亞爾比恩麵粉廠來參觀的人川流不息，甚至還舉行了化裝舞會，那裡已經成為一個社交場所了！

對於博爾頓來說，這是一件非常好的事情，這個優秀的企業家很喜歡這種喧鬧的環境。但是他的好朋友瓦特卻剛好相反，瓦特很討厭這類社交。

麵粉廠的生意蒸蒸日上，倫敦的麵粉商們卻是損失慘重，他們的生意遭到了最嚴重的打擊。博爾頓生產的麵粉因為成本低，所以市價很低。

但是其他的麵粉商們卻都是使用原始的水車或者風車生產，如果要他們也像博爾頓這樣降低麵粉的價格，那他們連成本都收不回來。

所以相繼有麵粉商破產，麵粉商們恨透了博爾頓。

1791 年 3 月，博爾頓的麵粉廠在倫敦盈利三年之後，有一天晚上工廠好幾個地方突然莫名其妙地著火了。霎時間，火勢沖天，就算是想要撲救也來不及了。

工廠一下子就變成了火海，火勢兇猛，不出幾個小時，整個

工廠就化為一片灰燼。

瓦特事後分析，著火的時間剛好是在退潮的時候，一方面增加了火勢；一方面又給救火造成困擾。而且水槽中的活塞也被人拔掉了，這又給滅火工作帶來極大的不便。

很明顯，這就是一場預謀好的縱火。

「毫無疑問，這一定是那些麵粉商們搞的鬼。我們馬上報警，不管付出多大的代價，我都非要把這些罪犯找出來不可！」

博爾頓怒火沖天，號稱世界上最大的機械化工廠竟然就這樣被一群無恥的小人給毀掉了，他如何能夠不心痛。

博爾頓馬上報了案，並且公布賞金來緝捕犯人。可是前後費了好大的工夫，卻始終也找不到犯人。

這次的火災給麵粉廠帶來了巨大的經濟損失，事後博爾頓清理廢墟的時候，初步估計直接經濟損失達到了 1,000 英鎊！要知道瓦特一年的薪水也不過 300 英鎊，損失金額相當於瓦特 3 年的年薪還要多！

麵粉廠的失火受到打擊最嚴重的自然就是博爾頓和瓦特，但是好在這樣的打擊並不致命。博爾頓的生意規模很大，雖然失去了倫敦的麵粉廠，但是塞荷方面還陸續收到旋轉機的訂單，不僅是國內，法國、西班牙、義大利等地也紛紛來了訂單，甚至連更遙遠的美洲和西印度諸島嶼的糖廠也來訂製旋轉機。

為了彌補麵粉廠的損失，瓦特決定要更加努力工作。雖然被頭痛的老毛病所困擾，但是，他還是熱心於蒸汽機的設計工作。

「你最好盡量少用手和腦，把自己的工作交給別人去做，否

則，對你的身體健康很不好。」

雖然朋友們都這樣勸說他，但是除了將一部分工作交給默多克負責之外，瓦特幾乎都是事事親為，不肯輕易委託他人。

當年瓦特製造的蒸汽機賣給了商會，雖然專利權使用費每年都在增加，但是由於商會的經營大都是入不敷出，所以很多債務都收不回來。

這種情況一直持續了很長一段時間，直到兩年後，付出終於有了回報，他們的經濟狀況總算是大大改觀了。

「瓦特先生，告訴你一個天大的好消息，那些拖欠了我們許久的專利費，終於收回來了。」

1793 年，瓦特從博爾頓那裡接到了 4,000 英鎊屬於他的紅利，成功的日子終於來了。而這個時候他已經整整 57 歲了，從青年時期研究蒸汽機開始，大半個人生都已經過去了！

瓦特才算鬆了一口氣，但是博爾頓卻陷入了極其嚴重的困境。博爾頓天生就喜歡投資，他雄心勃勃地想要做一番大事業，又敢冒險，所以資金運轉一直都很緊張。

蒸汽機事業剛起步的那幾年，博爾頓還能夠憑藉著自己良好的個人信譽和人緣借錢周轉，但是伴隨著事業規模的不斷擴大，所需要投入的資本也越來越多，後來又非常不幸地遇上了金融風波，博爾頓陷入了困境，難以脫身。

他不得不反過來求救於瓦特，忙碌而又疲憊的生活也使得博爾頓的健康受到了嚴重的損害。尤其是上了年紀，又患了膽結石之後，那種難言的苦楚，讓一向富有樂觀主義精神的博爾頓，竟

也有點招抵不上了。

「想起來實在非常感慨，一些和蒸汽機事業有關的人，都日漸富有起來，只有我一個人，被壓在債務和分期付款的重擔下面呻吟著。我已經是60歲的人了，希望能夠在不連累子女的原則下，盡我能力所及，繼續努力工作下去！」

能夠讓博爾頓說出這樣沉痛的話，是非常不容易的，可見一連串的打擊對於他來說是多麼的沉重。為了蒸汽機事業的發展，他已經付出了自己全部的心血和力量！

這段時間是博爾頓一生中最為黑暗的時刻，但是黎明的曙光已經來臨，英國工業發展的黃金時刻來臨了！

從1760年至1840年期間的80個年頭，被稱為英國工業革命時代，由於這種工業革命，英國才得以長久地成為世界的霸主。

促使英國發生工業革命的，就是阿克特萊發明的紡織機和瓦特發明的蒸汽機。瓦特的蒸汽機作為工業的「發動機」，歷史作用不可估量。而阿克特萊的紡織機，更是一把推手，直接推動了工業革命的進程。

早在紐科門蒸汽機應用於礦山抽水的時候，瓦特的好友魯賓遜就曾經大膽地提出設想，蒸汽機既然能夠適用於礦山，那麼肯定能夠作為動力應用在其他行業。

瓦特一直沒有忘記這種設想，大膽而富於策略眼光的博爾頓更是不會滿足於蒸汽機局限於礦山事業，所以瓦特蒸汽機不斷被改造，成功應用於各種領域。

發明與事業雙重成功

　　博爾頓和瓦特直接投資應用的領域就有礦山業、麵粉業、自來水工程和鐵工業等，而倫敦釀造廠的大量訂單也使得蒸汽機普及於釀造業。

　　「從現在起一直到 1810 年的 25 年間，在你們工廠所做的 325 臺蒸汽機裡，將有 114 臺被裝在紡造廠裡，而 90 臺會被裝在棉布廠裡。」

　　曾經有人作出這樣的大膽預言，結果，這個預言成了現實。

　　1769 年，瓦特首次取得了蒸汽機的專利權；同年，阿克特萊發明了紡織機。以往英國的紡織業不過是一些農民的粗劣手工而已，數世紀來即使是縫製旗子、紡棉成紗，所有的工作都是依靠人力去完成，自阿克特萊發明了紡織機以後，才開始成為一種機械工業。

　　當時，帶動阿克特萊紡織機轉動的動力是水車，在英格蘭中部地區，水資源十分豐富，大大小小的河流能夠為紡織機提供廉價的動力，因而那個地方成了紡織業最發達的地方。

　　但是依靠水力轉動的機械是有季節限制的，夏天的時候，雨量充沛，自然沒有任何問題，但是到了冬天雨量少的季節，機械就得停下來，工廠老闆自然在雨量多的季節開足馬力了。

　　當時為了節省成本，資本家們僱用的在紡織廠工作的大都是些孩子。在夏天，資本家們要加倍生產，這些童工就被迫沒日沒夜地工作。在冬天的枯水季節，他們又無事可做，生活也因此陷入了困境。

　　英國的紡織業的發展遇到了一個瓶頸，紡織業生產基地局限在雨量充沛的中部地區，而且還只能夠在雨量充沛的夏天進行大

規模的生產，而這在需求量日益擴大的英國，顯然是不夠的。

「誰能發明一種比水車更好的動力？那樣的話，我想英國的紡織業必定會煥然一新的，事業方面能更自由，生產量也能突飛猛進，勞工的生活也可得到改善了！」

這個巨大的空白，在第一時間被瓦特的旋轉機械填補了。

1785 年，瓦特的旋轉機械首次裝置在諾克的一家棉布工廠裡。同年，阿克特萊紡織機的專利期限屆滿，於是誰都可以自由地製造紡織機了。

黑暗終於要過去了，這是英國工業發展的黎明時期。

瓦特和博爾頓的努力終於得到回報了，而這是他們多年努力奮鬥的結果。早年間，他們為了擴充事業，常常是入不敷出，為了付工人們的薪水也常常要拆東牆補西牆。

而現在，收入正在成倍增加，所有的財政困難已經過去了。

當初前來學習專門技術的工人，現在都已成為技術不錯的技工了。有了這批技術熟練的工人，塞荷製造廠也已能夠造出世界上最為優秀的機械了。即便是瓦特的專利權到期以後，塞荷製造廠生產的蒸汽機仍然是蒸汽機行業的龍頭老大，佔有著市面上超過 3/4 的銷售市占率。

在「圓月學社」探討科學

　　瓦特終於可以鬆一口氣了。多年來長期超負荷的工作讓他患上了頭痛症，而現在，伴隨著工廠的全面興盛，他再也沒有太多的擔心，終於可以過上長久以來他一直嚮往的那種寧靜、安詳的日子了。

　　「多少年過去了，終於把那段艱辛的路程走完了。現在回想起來，真像是一場夢呀！」

　　幼年孱弱的體質，年輕時期在倫敦學習製造儀器的艱苦生活，在格拉斯哥大學期間開店的困苦，從事蒸汽機研究的種種艱辛，後來和博爾頓在一起創業一個又一個的困難……

　　回顧以往苦難的歲月，瓦特不禁這樣感慨著。

　　空閒下來的瓦特喜歡出外旅行，欣賞大自然的旖旎風光，陶冶情操。1789 年夏天，他做了一次歡快的西部之旅，欣賞到西部完全不一樣的自然風景和人文景觀，使他身心舒適。

　　第二年的夏天，瓦特又一次出外旅遊。這次遊覽了倫敦附近的名勝，歸途順便又轉到溫莎，被准許謁見了國王。

　　聽說是發明蒸汽機的瓦特到訪，國王很是熱情地接待了他，在瓦特離開的時候，國王還叮囑說道：「下次如果再到溫莎附近，請再順道過來玩玩。」

　　瓦特的性格喜歡安靜，並且有些怕羞，不喜歡人際交流，但是到了晚年，他一改從前的沉默害羞，開始變得喜歡社交了。有

時候，他出席俱樂部的聚會時，還會用他那帶著頗重的蘇格蘭鄉下口音的聲調講上幾個笑話，讓會場的氣氛變得更為輕鬆熱鬧。

在這些形形色色的社交場合中，最讓瓦特感到愉快的就是參加「圓月學社」。

18世紀末葉，在英國各地的都市，由科學家或者文學家們所設立的俱樂部非常多，其中最有名且最有實力的就是伯明罕的「圓月學社」。

所謂「圓月學社」，顧名思義，就是在每個月滿月時集會一次。它成立的宗旨，乃是為了聯絡會員之間感情，共同研究學問，就文學、藝術、科學等問題互相交換意見。會員們也可以就這些題目進行專題演講。

1780年，一個名不見經傳的波利斯托利博士加入了這個「圓月學社」，後來，他成了享譽歐洲的化學家。

波利斯托利博士在「圓月學社」中算是最年輕的一個，但是他除了精通化學之外，對於哲學、宗教、歷史、政治等各方面，也都有著豐富的學識。

在一次的聚會上，波利斯托利博士做了一個電氣的實驗。

「請你們看看，這就是氫，要是混以空氣，在玻璃球內通以電流，會發出火花！」他的話剛說完，「嗶啪嗶啪」地發出幾聲爆音，玻璃球內滿是電火花。

瓦特聚精會神地觀看著。對於這個實驗，看得最專心的就是他了。實驗一完畢，瓦特馬上向波利斯托利博士詢問：「我之前看到玻璃球內有水珠，請問那個是露水嗎？」

「是的。」看到有人關注，波利斯托利博士很開心地回答道。

「那麼，這也應該是水吧？」

「是的，它就是水，和湖泊裡的水一模一樣。」

瓦特聽了以後，思考了良久，然後恍然大悟一般說道：「我以前曾經想到過，水這種東西是不是由空氣或其他的氣體化合而成的？由於你的實驗，我好像懂了許多。」

這件事情過去不久，瓦特就給博爾頓寫了一封信：「氫和氧在密封的容器內，通以電流使其發生火花，等到容器一冷，就有和氣體同重量的水附著於容器上。這件事是由波利斯托利發現的。可是，由這個結論，我想可以斷定為水是由氫和氧化合而成的東西。」

1782 年，倫敦有一個名叫卡巴恩·狄許的人，比波利斯托利進行這種實驗還早一年，他也得出了和瓦特同樣的推測。只是他是一位嚴謹的化學家，在他看來，只做這麼幾次實驗，就輕易地下結論，未免太早一點，所以，以後他又就這個問題不斷地實驗。結果，一直到了 1784 年，他才向皇家學院提出報告。

這樣一來，問題就出現了，誰才是最初的發現者呢？

實驗並不是瓦特親自做的，而是由波利斯托利的實驗得到的啟示，可是，卡巴恩狄許卻是親自加以實驗才得到那種推測的，看起來好像比瓦特還要早一點的樣子。但是，最先發表結論的卻是瓦特。

因此，水的成分的發現者到底是誰，這個問題也引起一場激烈的爭論，最後瓦特輕描淡寫地把這件事給解決了。

他認為是誰發現水的成分並不重要，重要的是這件事被發現了。而就在當時，瓦特又發現了用氯來漂白的方法，這就是日後「漂白粉」的前身。

　　雖然「圓月學社」的宗旨是科學性的而非是政治性的，但是不可避免地使其成員普遍認為應該解放思想，而這在當時是具有革命性的，他們心裡充滿著對未來的憧憬。

　　「圓月學社」雖然在後來解散了，但是曾經參加過的會員卻仍津津樂道地談論著往事。

法國大革命的衝擊

1876 年，瓦特和博爾頓接受法國政府的邀請而訪問法國，這還是瓦特第一次足踏歐洲大陸。

一直以來都醉心於發明的瓦特從來都是把自己關在房間中，就算是出行，那也只是在格拉斯哥、塞荷和倫敦等幾個城市走動，這一次能夠去法國旅遊，瓦特是非常開心的。

瓦特的旅途非常愉快，一路上他領略了許多異國的風情，而這讓瓦特振奮不已。

法國政府對他們的歡迎是空前的，憑藉著蒸汽機的發明和專利權，瓦特在這個時候已經是「最有名望的外國人」了。

一到法國，各種的宴會就接踵而至，瓦特整天忙於應酬之中。而最讓瓦特感到高興的是法國的第一流的學者們，都把瓦特當成一名偉大的科學家來歡迎。

法國政府邀請瓦特訪問的原因很簡單，他們本國的蒸汽機性能不佳，因此想要更換一批，想請瓦特來做實際講解。可惜的是因為法國大革命的爆發，這個計劃未能實現。

不過，法國大革命卻對瓦特有著重要影響。

瓦特的兒子詹姆斯從小就受到良好的教育，瓦特希望兒子將來能夠繼承父業。詹姆斯從伯明罕學校畢業之後，就以一年為期限，被送到有名的威爾金森鐵工廠去，學習有關模型方面的技術。

18 歲的時候，詹姆斯到瑞士的日內瓦接受了三年教育，他尤其精於語言學，最擅長的就是法語和德語。

　　詹姆斯在 20 歲的時候回到了英國，在曼徹斯特的一家織造業公司擔任會計。

　　雖然僅僅只是做了兩年的會計，但是詹姆斯差不多把所有商業上的業務都學到了。和他的父親個性截然不同，詹姆斯的性格偏向於博爾頓，具有社交家的個性。他生活過得比較奢侈，也因此欠下了許多債務。

　　在需要用錢的時候，他從來不向自己的父親要，而是寫信給慷慨的博爾頓。

　　有一次他在給博爾頓寫信時，還順便告了他父親一狀：「我目前跟我父親的關係是最好的，但是如果我把我的各種需要都告訴他，那麼我就不知道後果會怎麼樣了。也許他從來就不是年輕人，因此他不懂得伴隨我這一時期而來的是一筆不可少的花費，並且做起事情來和同期的朋友格格不入……」

　　頻繁出入於各種社交場合，使得年輕的詹姆斯快速地成熟了起來，這個時候他對政治革命運動發生了興趣。

　　他懷有遠大的理想，對社會的改革問題懷有熱切的志向，受到革命思想的影響，具有隨時參加革命的政治覺悟。

　　博爾頓的兒子則在巴黎學習法語和德語，對於前途懷有遠大的抱負。

　　1788 年夏天，博爾頓的兒子回到了伯明罕，他向大家講述有關巴黎的一些見聞，「圓月學社」的哲學家們聽了之後非常激動。

法國大革命的衝擊

1789 年，法國爆發了一場震撼全歐洲的資產階級革命，「圓月學社」的會員早已隱隱地感覺到它的震撼力了。法國終於發生大革命了。18 世紀資本主義在法國部分地區已相當發達，出現許多資本主義性質的手工工廠，個別企業僱用數千名工人並擁有先進設備，金融資本雄厚。

資產階級已成為經濟上最富有的階級，但在政治上仍處於無權地位。農村絕大部分地區保留著封建土地所有制，並實行嚴格的封建等級制度。

由天主教教士組成的第一等級和貴族組成的第二等級，是居於統治地位的特權階級。資產階級、農民和城市平民組成第三等級，處於被統治地位。特權階級的最高代表是波旁王朝國王路易十六。

18 世紀末第三等級同特權階級的矛盾日益加劇。特權階級頑固維護其特權地位。在第三等級中，農民和城市平民是基本群眾，是後來革命中的主力。資產階級則憑藉其經濟實力、政治才能和文化知識處於領導地位。

法國大革命就是整個第三等級在資產階級的領導下發動起來的。1789 年 7 月 14 日，第三等級攻破了象徵封建統治的巴士底獄。1792 年，又進行了第二次武裝起義，打倒了法國波旁王朝，成立了法蘭西第一共和國，並且隨即處死了國王路易十六。

1799 年 11 月，又一顆政治新星應運而生，他就是拿破崙·波拿巴。他發動了「霧月政變」，建立起臨時執政府，擔負起了掃蕩歐洲封建勢力、鞏固大革命成果的重任。

法國大革命的浪潮一波勝過一波，很快這些呼聲就越過海峽傳播到英國來了。

為兒子憂心焦慮

　　瓦特發現，身邊的很多朋友都不同程度地受到法國大革命的影響。在伯明罕，應聲而起的就是波利斯托利博士。博士以法國革命的三大標語「自由‧平等‧博愛」為口號，開始做強勢的宣傳。

　　瓦特和博爾頓並不喜歡這種政治運動，他們聚在一起討論這場風暴所帶來的影響。

　　「波利斯托利先生那樣做，實在太危險了。」

　　「要是不稍微謹慎一點的話，在這個動盪的時候，很容易發生危險的呀！」

　　他們雖然都是進步思想的同情者，但不喜歡因此而發生騷亂事件。果然，反對派憤怒的情緒，終於化為暴動向波利斯托利博士襲來了。

　　1791 年 7 月，在伯明罕市的一家旅館裡，一批思想進步的分子正在舉行法國革命兩週年紀念的時候，反對者們得到了消息，他們把會場給包圍起來。

　　「教會萬歲！國王萬歲！」

　　暴徒高聲地喊叫著，開始打碎旅館的玻璃窗。接著，暴民們又向遠在兩公里之外的波利斯托利公館蜂擁而去。幸好，有好心的人悄悄跑來報信，波利斯托利博士這才感到恐慌，他帶著家眷匆匆逃離了家裡。

沖進房間的暴徒，一下子就把家具全部給搗毀了，圖書室裡的書本也都給扔在地上，實驗室裡的裝置也被搞得一片狼藉，最後在他們離開的時候還往屋子裡放了一把火，一下子就把房間燒成了灰燼。

　　「打倒哲學家！國王和教會萬歲！」這是暴徒們的口號。大家惶恐不安，為了避免暴徒的襲擊，家家在門口貼上這樣一張條子：「這裡沒有哲學家。」法國大革命的餘波在英國產生了嚴重的影響，而這也影響到了瓦特一家。按照暴徒們的說法，瓦特和博爾頓，以及「圓月學社」的會員都是所謂的「哲學家」了，那樣不是太危險了嗎？

　　對於暴徒會產生什麼樣的破壞力，瓦特是深深知道的。早年間在倫敦學習技術的時候，那個時候倫敦街頭就充滿著暴亂，到處都在抓人，而現在又要經歷這樣的劫難了嗎？

　　「博爾頓先生，我們也趕緊離開吧！不能再猶豫下去了！」

　　「請不要擔心，瓦特先生。這不要緊的，會沒有事情的。」瓦特開始感到害怕，博爾頓安慰了多慮的瓦特之後，立刻召集了塞荷製造廠的員工們，供給他們武器，要是暴徒來襲擊的話，叫他們盡全力防守。慶幸的是他們的工廠和私宅都沒有受到暴徒的襲擊。

　　星期日的黃昏，終於趕來了三個中隊的騎兵，居民像遇到了救星似的熱烈歡迎他們。暴徒一看到軍隊出動，也就紛紛作鳥獸散了。

　　經過了幾天忐忑不安的日子後，瓦特也開始恢復了平靜的生活，但是有一件事情使他非常擔心，那就是他兒子詹姆斯的事。

為兒子憂心焦慮

1792 年，詹姆斯和他的親密朋友古拔被選為曼徹斯特市憲法協會的代表而一起前往巴黎，投身於激烈的革命運動。

那個時候，法國大革命的兩大首腦人物是丹東和羅伯斯庇爾，但是後來他們有了矛盾，互相爭鬥。詹姆斯曾為丹東的親信。

也許是羅伯斯庇爾不忘舊恨，他就趁這個機會，誣陷詹姆斯和古拔兩個人是英國首相的間諜。

自從發生這件事之後，詹姆斯為了安全起見，悄然地逃出巴黎，經過沒日沒夜的逃亡，終於越過國境而到達義大利，其後又輾轉到了德國。

世上沒有不透風的牆，詹姆斯在法國參與革命運動的事，很快就傳遍了英國上下，素來以雄辯著稱的巴克，就在英國下議院的講壇上，對於詹姆斯拿著英國國旗而參加法國大革命的大事，大加攻擊。

「詹姆斯先生的所作所為已經嚴重影響到大英帝國的形象，甚至威脅到了大英帝國的安定，我認為應該逮捕他。」

瓦特聽到這個消息以後，非常擔心兒子的安危，他知道自己的兒子處境非常危險，因為當時倫敦的一些政治團體的有力分子，都一一被捕而給送到監牢裡去了。

就在這個非常敏感的時刻，詹姆斯悄悄回到了倫敦，而這個時候，他身邊的危險依然存在。

博爾頓當時正在倫敦，詹姆斯回來之後，他馬上就把這個消息告訴了憂心忡忡的瓦特。

瓦特收到信之後，連日來忐忑不安的心情終於得到一絲平復，他在第一時間給博爾頓回了一封信，在信中他請求博爾頓說：「請您勸告詹姆斯一下吧！我這個兒子比較聽您的話，我實在沒有辦法了！依我看來，詹姆斯這孩子，與其叫他做旁的事，還不如讓他在我們工廠裡幫忙呀。」

　　也許博爾頓的忠告有了效果，也許是長期以來顛沛流離的生活讓他有了回家的念頭，在經過了一番深思熟慮之後，詹姆斯像是從長久的噩夢中醒過來的人一般，毅然地退出了政治運動，踏上了回到伯明罕的歸程。

控訴侵權偽造蒸汽機

「啊！詹姆斯！你平安地回來了。」瓦特看到愛子終於平安歸來，激動得熱淚盈眶。長久以來他一直為這個兒子牽腸掛肚，現在他終於平安歸來了，如何能夠不激動？

「詹姆斯回來了，那可真是太好了！」博爾頓也高興地趕來。

「博爾頓先生，這次還多虧了您，要不是您勸說詹姆斯，這孩子還不肯回家呢！」瓦特由衷地感謝說。

「說的哪裡話，我的話哪裡那麼管用，主要還是詹姆斯這孩子自己想通了。對了，接下來你打算怎麼安置詹姆斯呢？」

「就像上次所說的那樣，只要詹姆斯能專心於實業方面，我們就在廠子裡幫他先找個工作吧！」

「這個我也贊成。」

「現在您的兒子羅賓遜正在負責影印機製造事業，他是個十分優秀的青年，現在影印機製造業在他手中發展得不錯，不如讓詹姆斯也投入其中。我們也老了，過幾年就把事業都全部交給他們管理，你看怎麼樣？」

在那個時候，瓦特發明的影印機大受歡迎，影印機事業方興未艾，已經成為整個事業中的一個重要部門。

「這真是妙極了，馬上就照這樣進行吧！」就這樣，羅賓遜和詹姆斯兩個小字輩成了合作夥伴，他們開始學習企業管理，除了負責影印機事業的管理外，同時也成為蒸汽機事業的股東之

一，來協助他們的父親。兩個年輕人一加入，整個塞荷製造廠就充滿了新生的氣象，事業也更加發達起來了。

「博爾頓先生，看到了嗎？這兩個孩子做得真不錯，這樣一來我們大可安心了。」

「我也有同感，到底是年輕人，比我們有魄力啊！」

「為了這個事業，我們一起奮鬥了一輩子，我想我們到了退休的時候了。」

「是該退休了！不過，在還沒把這個事業完全交給這兩個孩子之前，有一件事情必須要先解決掉。」

「是什麼呢？」

「那就是專利權侵害的問題。」事實上專利權問題一直伴隨著他們，並沒有得到過切實的解決。

瓦特發明出了附帶有分離凝結器的蒸汽機以後，工礦業對於這種機器的需求很旺盛，但是博爾頓的工廠生產能力畢竟有限，所以就造成了供不應求的情況。

瓦特的蒸汽機的專利期限是 25 年，只要這個專利權存在一天，是不准許旁人來仿製這種附有分離凝結器的蒸汽機的，但是利慾熏心，在利潤的巨大驅使下，就很多人無視瓦特的專利權，毫不客氣地製造附有分離凝結器的機械來賣。

由於技術能力有限，一開始這些仿造的製品過於粗劣，所以，博爾頓認為沒有加以檢舉的必要，也就沒有放在心上。

但是，博爾頓的不聞不問無意間增加了侵權者的囂張氣焰，在這些侵權者當中，漸漸地也能製造出優秀的蒸汽機來了。塞荷

控訴侵權偽造蒸汽機

製造廠的熟練工人，在充分地學會了瓦特機器的製法之後，有些道德不良的人就把優秀的技術出賣給那些惡意的侵權者。

既然是偽造產品，當然就不需要繳專利使用費了。

「現在私製的蒸汽機那麼多，不管買誰的都可以，只要不買瓦特的，我們就不需要支付使用費了。」

因為偽造產品不需要繳納專利權使用費，所以偽造的人很多，而且使用的人更多。

博爾頓和瓦特開始商量對策，最終他們決定對這些侵害者當中最具代表性的人加以控告，其中一個是洛亞，那個曾經得到過瓦特照顧的技工；另一個叫愛德華‧布爾，一度被商會雇為蒸汽機裝置工作的技術家。

1796 年，最初的陪審判決，確認了瓦特的專利權的正當性，這次的判決是瓦特勝利了。塞荷製造廠還放了祝賀炮，舉行了盛大的慶祝大會呢！

但是，事情並沒有因此而結束。被告因為不服，不久之後又開始上訴。而為了追回從前拖欠的專利權使用費，博爾頓和瓦特也開始頻頻維權，不惜耗費巨資，積極地打官司。

這幾場官司打了好久，一直到 1799 年 1 月，經過高等法院再審的裁定，確認了原判。

瓦特因為打贏了官司，很高興地從倫敦寫了一封信給博爾頓說道：「關於這次的訴訟，我們完全地勝利了。這下子我們終於可以放心了。」

幾場官司勝訴，他們馬上向礦山業者請求現金支付使用費，雖然相當的困難，但也收回大約 30,000 英鎊的滯納費。

培養事業的接班人

　　專利權維權的官司打贏了，博爾頓和瓦特都很開心，這個時候他們又忙著在塞荷開設新的工廠。瓦特的專利權到 1800 年就截止，可是由於各方面對於蒸汽機的需要日益增加，所以瓦特和博爾頓的這個共同事業實在沒有解散的理由。

　　事實上瓦特的專利權期限只剩下一年，一年後他們就不能再像以前那樣去收取專利權使用費了。

　　「我們必須要提高蒸汽機的效率，提高蒸汽機的品質，只有這樣才能在失去專利權以後同其他的蒸汽機行業者競爭。」於是，他們便開始著手新工廠的建設。新工廠的基地離塞荷製造廠只有幾公里遠，位於連接伯明罕和瓦爾巴·漢普頓運河的一個交通要地，運輸十分便利，從運河到工廠的起貨場也掘了一道船塢。沿著工廠一路走來，博爾頓和瓦特感慨頗多，博爾頓說道：「瓦特先生，你還記得 35 年前我們說過的話嗎？」

　　「你說的是哪件事情呢？」

　　「當我們剛剛開始著手製造蒸汽機的時候，計劃將來要建設專門製造蒸汽機的工廠，有組織地製造所有的蒸汽機的零件並且形成專業化產業化批量生產。」

　　「是呀！那個時候，我們以為這不過是個夢想罷了。」

　　「可是那個夢想現在到了實現的時候了，35 年過去了，我們終於實現它了。」博爾頓十分感慨地說道。

培養事業的接班人

新製造廠裡面，增設了許多製造蒸汽機所必需的各類附屬工廠，像鐵工廠、旋盤工廠、裝配廠、乾燥室、鑄器廠、空氣爐等。由於工廠規模擴張得太大，一時之間招募不到足夠的工人，只好把塞荷製造廠的一班人，和原先在威爾金森鐵工廠蒸汽機部工作的技工遷移過去。

1895 年，這個大工廠漸漸地開始動工了。而這個時候瓦特已經 59 歲了，在 60 歲誕辰即將到來的時候，他宣布退休：「我現在已經退休了，不再干預蒸汽機上的事業，相信年輕的這一輩人一定能好好做下去的。」

詹姆斯·瓦特和羅賓遜·博爾頓從父輩們的手中接過了接力棒，開始全面地經營起這個龐大的事業。他們比起父輩們的時做得更加有聲有色。

他們秉持著父輩們一貫的方針而加以靈活運用，在技工的技術方面下了一番功夫，後來塞荷工廠成為培養技術人才和熟練工人的人才基地了。

默多克不遺餘力地支持，對於兩個年輕人來說，無異於如虎添翼。默多克很早就被稱為是瓦特和博爾頓的左右手，在塞荷，整個機械部都歸他一人支配，對於工廠的事業，他也做出了巨大的貢獻。

默多克時常從事著發明的計劃，而且他還具有一種不屈不撓的精神，在這方面和瓦特比較類似，所以很是受到瓦特的喜歡，瓦特也不遺餘力地培養和教導默多克。

默多克設計了鑄造、穿孔、旋削等新機械，使得蒸汽機的裝

配得以精確，並且在製造上加以種種的改良。

1785 年，默多克發明了筒振機械，其後為了改良瓦特蒸汽機，又發明了滑動活門。這個發明對於蒸汽機的構造和動作趨於簡化，有很大的助益。

「當默多克發明了他的滑動活門的時候，我還認為它沒有之前實用而大加反對，後來看到它無比的優越感時，我就不得不認輸了。」瓦特這樣說。

默多克的實力如此雄厚，就連瓦特都承認錯誤，如此一來，各方面自然是紛紛利誘。

「默多克先生，在塞荷工廠，你無論怎麼努力都只是一個工人，何不自己獨當一面呢？資本的問題你完全不用擔心，你只要做好技術就可以了，怎麼樣？我們來共同經營吧！」

不知被引誘了多少次，但是默多克卻不為所動，他對博爾頓和瓦特的忠誠始終是不變的。

在瓦特宣布退休之後，默多克就擔任兩個年輕人共同事業的顧問，而把事業帶上了更加成功之路。

後來默多克也成為煤氣燈的發明者。煤炭經過蒸餾後所發出的氣體，很容易燃燒，這件事很早以前就為人所知道了，但實地拿來應用的卻首推默多克。

默多克最早開始研究煤氣燈是在 1792 年。那個時候他還在萊特羅斯的地方服務，白天為了工廠的事忙得不亦樂乎，煤氣燈的研究就只有在工作完畢後的晚上來進行了。雖然困難重重，但是默多克還是堅持在自己的家裡和辦事處，進行煤氣照明的實地實驗。

培養事業的接班人

1794 年，默多克回到塞荷，他馬上把實驗的結果，詳細地告訴瓦特：「煤氣燈照明至少要比油類或蠟燭來得高明，而且費用非常便宜，也很安全。如果能夠取得這個專利權，肯定是一個有利的事業。」

不巧的是，當時瓦特和博爾頓正被蒸汽機的專利權訴訟問題給搞得焦頭爛額，無暇顧及其他的事，只好先把這個構想拋在一旁了。

默多克並沒有因此放棄，雖然暫時性放棄煤油燈的發明，但是他還在不斷發明新的東西。

1789 年默多克再度回到塞荷的時候，又對煤油燈做了進一步的研究。他設計了一種裝置，可以大規模地製造煤氣，並且加以貯存。不久，塞荷製造廠內的辦公室等處，都用這種煤氣燈來做照明設備。

1802 年，一天晚上工廠舉行了宴會，整個工廠張燈結綵，煤氣燈把夜晚照得如同白晝一般，大家看了都為之一驚。

「原來默多克的新發明不僅較為安全，使用簡單，而且比較經濟，光度又強。」

由於這件事實被證明了的關係，1803 年，塞荷製造廠全部都由默多克裝上這種煤氣燈了。不久，許多的大商行，也裝設了這種煤氣燈。

但是想要把這種照明法在議會中通過，卻是一件不太容易的事。

一位議員這樣質問默多克：「你說的就是不用燈芯也能點火的事嗎？你確定你不是在開玩笑嗎？」

「是的，先生，就如您所說的那樣。」默多克回答。

這個時候這位議員卻怪聲地叫起來：「你的想法倒是很不錯，但是小夥子，誰都知道這種事情是不可能的呀！」

從製造氣體的地方，透過長長的管子，輸送到幾公里遠的地方，就在那裡噴出火來，這種事情在思想陳舊的議員們心中是難以置信的。

擔心出事的議員們在前往實地查驗的時候都戴上了手套，直到他們碰了一下管子，才知道一點兒也不熱。

事實勝於雄辯，事實證明，有益於人類的發明，總會有出頭的一天。1810 年，一份關於「煤氣燈和熟煤公司」的設立提案，終於由議會透過而成功了。又一個新的產業出現並且快速興盛起來。

摯友博爾頓去世

1800 年，瓦特的蒸汽機專利權期限屆滿的時候，博爾頓已是 72 歲，瓦特也有 64 歲了。

瓦特早在五年前就已經宣布退休，但是博爾頓卻依舊不厭其煩地工作著。

「博爾頓先生，你已經為這個事業奮鬥了一輩子，現在孩子們也都成才了，這些年來做得也有聲有色，你也應該卸下擔子好好休息，安享晚年了。」瓦特經常勸博爾頓。

「不，瓦特先生，事業就是我的生命，我一生的興趣、娛樂和生活都與我的事業緊密相連的，如果讓我停下手中的工作，那麼我寧願馬上死去。」

對於博爾頓來說，除非讓他停止呼吸，否則的話他是不可能放棄工作的。

幾年前，博爾頓的身體就已現出危險的徵兆，已經到了可以退休的時候。但對博爾頓來說，從事業上退下來，無疑意味著死亡。

晚年的博爾頓最感興趣的就是鑄造貨幣。他在塞荷製造廠裡興建了一個擁有龐大設備的造幣工廠，在那裡不僅是英國貨幣，甚至美洲殖民地、印度、西班牙、法國、俄國、丹麥、墨西哥等國家的貨幣也都可以鑄造。

當他看到這些由自己發明的鑄造法所造出來的美麗金幣、銀

幣、銅幣的時候，內心感到無限的喜悅，有一種成就感。

可是瓦特和博爾頓不同，事業對於瓦特似乎並不那樣重要，所以他常常能夠從那繁雜的工作中解放出來，把心平靜下來。隨心所欲從事發明或研究，這就是他日夜所祈求的事。

瓦特的一生充滿了傳奇色彩，童年時期家境富裕，青年時期四處求學，中年時期努力拚搏。到了晚年，他是真的卸下了一切擔子，在財富與榮耀的光環中幸福地生活著。

瓦特的發明讓伯明罕這個城市萌發了強烈的生命力，一個個工廠悄然建立，城市迅速繁榮起來，而瓦特的老家現在已經被一大片高聳的房子所包圍。

瓦特從來都不喜歡喧鬧的環境，他嚮往的是清淨與安寧，所以他決定搬家。

1790 年，瓦特搬到了亨斯教區，買下了希斯田地四周約 42 畝的荒地，修建了一所大房子，在那裡種了些樹木，蓋起了門房和溫室，甚至還開墾荒地，弄了一小片菜園。

不久，那些樹木長大了，曾經是荒涼的地方，如今一變而為美麗的田園風景，讓人心曠神怡。

在屋後設了一個鐵工廠，二樓還有工作房，是利用屋頂的亭子而設置的，在那裡他長期地繼續從事機械的研究和實驗。

生性節儉的瓦特，很早以前就養成儲蓄的習慣，所以他的帳戶中有一筆不少的存款。

「許久以來我就被金錢所困，這回總算有比較寬裕的錢財可用了。」瓦特感到很滿足。

摯友博爾頓去世

瓦特還是和從前一樣，把大部分的精力放在新的發明研究上，但是他也開始喜歡上了旅遊。在晚年，他開始四處旅遊，去過很多地方。

瓦特和妻子結伴到歐洲大陸旅行，他們走遍了比利時，沿著萊茵河坐船到法蘭克福，然後又去了斯特拉斯堡，最後才由巴黎返回英國。

在新居的這段時光是瓦特一生中最為幸福的時光，可是在這平靜的晚年，也有許多痛心的事情發生，而其中最為讓人哀傷的，就是他相繼失去了一對兒女，其後又失去了博爾頓。

瓦特的後妻，曾為他生了一兒一女，瓦特也盡心地培養這對兒女，希望他們成才，沒有想到這兩個孩子竟先他父親而去世了。

1794 年，15 歲的女兒珍妮不幸死於肺結核。由於當時的醫學還不夠發達，還沒有抑制肺結核的藥物出現，所以這種病便成為當時的絕症，奪走了無數人的生命。

珍妮死後不久，她的哥哥格雷戈里也開始感染上了這種可怕的肺結核。格雷戈里是一個非常優秀的年輕人，年紀輕輕的時候就已經展露出與他父親一般優異的天才思想，在當時算得上小有名氣。

瓦特很擔心，夫婦兩人帶著孩子到克李維頓的南海岸去休養，指望那裡溫和的氣候能夠使他康復。

但是一切都是徒勞的，1804 年 10 月，格雷戈里病逝，年僅27 歲。

瓦特盡量壓抑住自己的悲傷的情緒，但是喪子之痛如何能夠壓制？這個孩子與他父親的感情極其深厚，他的精神、氣質和性格都和瓦特十分酷似，瓦特最喜歡的一個孩子就是他。

　　但是現在，自己寄予厚望的兒子竟然就這樣離開了自己。一股難言的悲傷，一直吞噬著日漸虛弱的瓦特。為了排解內心的痛苦，瓦特一心埋頭於新的研究當中，為了治療肺結核，他專門設計出一種呼吸氣體的裝置。

　　當瓦特正要宣告他完成這件偉大的發明的時候，不幸的消息又一次傳來，與他相交幾十年的摯友博爾頓辭世了。

　　1809 年 8 月 19 日，博爾頓終以 81 歲的高齡離開了人世。晚年的博爾頓長年為腎臟病和結石病所侵擾，長期躺在病床上，但他始終關心工廠的運轉情況。

　　當時，病床的周邊聚集了他的部下，當他們向博爾頓匯報完工作以後，博爾頓說道：「你們都做得很好。我已快到向你們道聲再會的時候了！我死以後，希望你們能好好地支持我的孩子。」說完，博爾頓就安靜地閉上了雙眼，離開人世了。

　　博爾頓是一個優秀的企業家，他一生從事蒸汽機事業，並且為它投入了所有的金錢與精力。但是奇怪的是博爾頓這麼做並不是出於興趣，因為他充分預知到了蒸汽機的未來發展前景。

　　高瞻遠矚，提前預見到蒸汽機將引起全世界的工業革命，具有這一偉大使命的人，並不是發明者瓦特，而是博爾頓。

　　當瓦特因挫折而陷於絕望時，博爾頓就給予安慰。當瓦特因失敗而感到沮喪時，他就予以鼓勵。

摯友博爾頓去世

可以這樣說，如果沒有博爾頓的全力資助，瓦特的發明就可能會中途夭折。如果沒有博爾頓的苦心經營，瓦特的蒸汽機也不會如此快速地推廣到各行各業。

博爾頓是一個天生的樂觀主義者，他常常對瓦特說：「要經常想一些開心的事情，這樣才能每天過得快樂。」為了能夠讓瓦特全心全意地發明，他還特地交代周邊的人說：「請你們不要攪亂瓦特的心情，盡量避免讓他分擔憂愁。」

誰也沒有想到這樣一個敢拚搏、樂觀積極的人，竟與世長辭了。對於博爾頓的死，沒有一個人不感到悲傷的。當他的遺體被運到亨斯華斯教會的墓地安息時，陪伴靈車送葬的千百名員工，沒有不為之哀傷流淚的。

當博爾頓辭世的消息傳來的時候，瓦特正在格拉斯哥，聽到消息他悲痛萬分，當即寫下了一封哀悼信。他在信中說道：「具有他這樣的才能的人不多，能夠像他這樣發現自己全部才能的人更是少得可憐；像他這樣為人豁達而又滿腔熱情的人，實在是很難找出第二個來。」

瓦特專門從格拉斯哥趕回去，參加博爾頓的葬禮。對於這個相交一生的朋友的死亡，他感到無比的痛心。後來，他在回憶錄中這樣寫道：

在事業上，能夠彌補我這個生性容易失望，而且容易失去自信的人，就是樂天的博爾頓。在伯明罕，在塞荷，我得到他所給予我的一切援助。

現在，世人之所以能夠廣受蒸汽機的恩惠，全要歸功於博爾頓對這項事業無比的關心和熱心的經營，以及高明的遠見。

　　假如沒有博爾頓的幫助，單靠我一個人的力量，我想這個發明恐怕不能有今天的成就。

　　瓦特越來越感到孤單，失去了知己博爾頓以後，在其後的幾年中他的另外一些老朋友也都相繼去世。

　　然而，出乎所有人的預料，生來就體弱多病的瓦特，竟比一般強健的人活得更長久，老年的時候不但身體狀況比年輕的時候要好，而且思維相當活躍。這實在是一件不可思議的事。

　　瓦特感到孤寂，他害怕這種感覺，於是他想方設法排解。他常常和一些年輕的朋友聚在一起，看著他們在一起討論氣體、光熱和電等一些科學問題，而這個時候，他總是面帶微笑地聽著。

　　晚輩們對於瓦特的友情和讚美，彌補了他由於接連失去親人和朋友所產生的孤獨感。

安逸的晚年生活

進入老邁的境地，最使瓦特擔心的，就是知識是否在減退。

瓦特這樣說：「年老的現象當中，最使人難堪的就是失去青年時代的旺盛精力！」

消磨了瓦特悠長的晚年歲月的，是雕像影印機的發明。對於終日生活在機械當中，只知改良和發明的瓦特來說，到晚年仍把發明當作是他唯一的樂趣。

瓦特這項發明，通常都在他家的頂樓上進行。在廚房側廳的頂樓，有一條狹小的樓梯，走上去便是一間低矮的閣樓，這個閣樓就是瓦特晚年工作的房間。

天花板很低，只有一個窗戶，根本就像堆存東西的地方，還好，從窗口可以看見院子的灌木。因為是頂樓房間，所以白天也顯得很昏暗，而且夏天很熱，冬天很冷。只有一個暖房用的火爐放在門邊。到了嚴冬，一個火爐根本發揮不了取暖的作用。

為了取得光線，瓦特就在屋頂開了個天窗，加以改裝以後，就變成他的工作房了。

在這個小小的頂樓裡，保存了差不多半個世紀以來瓦特生活中的紀念物。

左邊櫃子裡放著的是他年輕時代所用的各種小工具和研究的畫稿。第二個抽屜收藏著他很早以前製造笛子的工具。最後一個抽屜，則收藏著圓規、分線器、尺、象限儀等數學用具。

牆上掛著他四十多年前在格拉斯哥大學裡開設店鋪時常穿在身上的那件技師用的皮圍裙。窗口邊兒的那個櫥子，排滿了礦物標本和一些他曾一度研究過的化學藥品的瓶子。火爐的旁邊吊著一隻熔鉛的鍋子，甚至還吊著一根銲接用的烙鐵呢！

　　瓦特把種種回憶，都一一收藏在這個頂樓裡。失敗也好，成功也好，他半輩子生活的歷史，全部蒐集在這個小房間內。這些東西可以說就是瓦特的精神支柱，每當他一踏入這個房間，這一件件東西總使他陷入沉思，使他沉浸在過去的回憶裡。就在這個房間，瓦特又完成了許多讓世人驚嘆的發明。1807 年，瓦特完成雕像複製機的發明。以前的影印機，只是複製同樣大小的機械，而現在這個，卻能夠任意地縮小，複製出更為完全的形象。一天，一個名叫霍金斯的青年來拜訪。交談之下，才知道原來那個人竟和瓦特同時在製造同樣的雕像複製機，這可以說是一種巧合。

　　「那太巧了！瓦特先生，不如我們一起去申請這個影印機的專利權吧！」年輕人高興地說。瓦特溫和地笑了一笑，說道：「不，年輕人，這僅僅只是為了排解寂寞才做的，以後我還想再發明一些東西呢！」瓦特微笑著謝絕了年輕人，就這樣，專利權的問題就給擱下來了。

　　瓦特為了想用自己所做的這個機械來複製實物的肖像，就從有名的雕刻家達那萊克那裡，借來亞里士多德、蘇格拉底等人的肖像。

　　他如痴如醉地鑽研這種技術，整天都把自己關在閣樓裡。開始工作的時候，連吃飯的時間都會忘掉，突然覺得餓了，就隨便

安逸的晚年生活

找點東西充饑。

瓦特的妻子也擔心年老丈夫的健康，時常叫他加以留心。但是，他一躲進頂樓裡，妻子的話語就一概都聽不進去了。

妻子沒有辦法，就在頂樓的火爐上放了些麵包、雞蛋和冷肉，又準備了一套茶具。這樣一來，只要他高興的時候，或在工作告一段落的時候，就可以隨便地拿起來吃了。

雖然工作環境差了一點，但是只要進入這個閣樓，瓦特就會忘記一切，全身心地投入到工作之中。

為了證明自己銳氣不減當年，瓦特親自為格拉斯哥自來水公司設計了一套治理河水的方案。

那年瓦特已經 75 歲了。有一天，格拉斯哥自來水公司的技師來拜訪他。

「先生，我想拜託您一件事情。」

「什麼事情呢？」

「我們公司想從克萊德河對面的小島上，把水引到達爾馬諾克。想必您也知道，克萊德河河床是極其高低不平的，而且又時常移動，所以，要想越過河床在上面架設自來水管這件事，不知道怎樣才好。我們實在想不出來，所以只有麻煩您了。」

「是嗎？真是一個有趣的問題。好吧，我來想想辦法。」瓦特頓時表示出對於這個工程的興趣，他已經有很久沒有投入到這樣的工作中去了。

不久，格拉斯哥自來水公司收到了瓦特的一張設計圖，那是用蝦殼製成的模型，是有關連接鐵管的設計。

格拉斯哥自來水公司的人一看到這種設計，不禁喊叫起來：「天哪！這是真正出色的天才發明家才能想得出來的主意呀！」

　　公司決定馬上按照瓦特的設計圖行事。後來，橫越高低不平的克萊德河河床架設水管的計劃，獲得了很大的成功。但是，瓦特卻謝絕了該公司的酬金。這家公司很遺憾，最後贈送給瓦特一件金製餐具。

　　到了晚年，瓦特變得更為沉著穩重了，無論是誰他都能虛心地接待。瓦特的蘇格蘭土音，雖然到老都無法改掉，但是隨著年齡的增長，他的人格特質也經過了一番磨練，接待一切人，也都能以圓熟熱誠的態度來應對了。

　　即使到了頭髮全白，年紀也相當老了的時候，瓦特還是像以往那樣，大部分的時間都關在那個頂樓裡，始終朝著發明之途邁進。但是只要腦子稍一感到不適，他就到景色優美的田園中去散散步。

　　人到晚年，就容易懷舊，所以一到夏天，瓦特就到鄉下去暫住幾天，有時到倫敦、格拉斯哥等地方去探望親友。

　　在格拉斯哥，他總是住在前妻瑪格麗特的娘家那裡，而且有時還和大學教授們會餐；不然，就跑到年輕時曾經和魯賓遜一同走過的地方，回味一下當日的情景。

　　每次回憶起這些場景，總是讓瓦特神傷不已。

　　「當年收我為徒的那家眼鏡店現在還在，可是當年和我一起做事的那些技工們，現在卻一個也不在了。」

　　瓦特一邊走著，一邊用手杖指著那些林立的工廠，和從煙囪

安逸的晚年生活

裡冒出來的濃煙，不由得感到很欣慰。

「這一帶，本來是以煙葉起家的豪商聚集的地方，現在一變而為製造工廠的中心了。從前以出產鮮魚著名的克萊德河，現在卻被來往的蒸汽船擠得水洩不通，所有的工廠都響著蒸汽機猛烈轉動的聲音。」

應該說，如果沒有瓦特發明的蒸汽機，就沒有英國經濟上的迅猛發展，工業革命也不知會往後推多少年。

1784 年，瓦特被選為艾汀巴拉皇家學院的會員，翌年被選為倫敦皇家學院的會員。

1787 年，瓦特被選為鹿特丹的巴達維亞協會會員。1806 年，格拉斯哥大學贈給他法學博士學位，瓦特就在那個時候在格拉斯哥大學設立自然科學和化學的瓦特獎。

1814 年，他被選為法國科學院的通信會員，他是該院第八個外國籍會員。

以瓦特的知名度，做個州郡長官也是不成問題的。斯達福特州和拉特諾許州，曾經兩度請他出任州長。但是瓦特卻拒絕了，他說：「你們看吧，像我這樣的一個老年人，請不要再給我煩累的事做了。」

「我想我的發明使幾百萬的人都有了職業，國家也有了幾百萬英鎊的財富收入。現在我這樣老了，當然有退休養老的權利！」

瓦特已經功成名就，在英國，他的名字已經家喻戶曉。他的會客廳裡經常擠滿了慕名而來的造訪者。瓦特喜歡和那些人坦然地暢談一切。

瓦特的知識非常淵博，無論問他什麼事情，他總是好像剛研究過似的，給你一個內容豐富的答覆。雖然這樣，但事實上他根本沒有想誇示他博學的意思。

　　在大眾集會的場所，如果沒有輪到他說話，他也不會急於發言，他總是以一隻手支著腦袋，好像在思索什麼似的靜靜地坐在那裡。在這樣的場合中，這位靜穆的老人往往也就成為談話的中心人物了。

　　他曾告訴過一位瑞典的畫家說，最柔軟而富於彈性的畫筆是用老鼠的鬚毛做的。對於婦人們，他就教她們怎樣修理煙囪、暖房或染布的方法。對於侍女們，則教怎樣才能把火爐清掃得乾淨一些。

　　據某一個婦人說，瓦特時常把木匠用的折尺放在褲袋裡，在晚餐後的閒談當中，把它取出來，用來說明一些問題。

　　這樣，瓦特就在大家的愛戴下，安詳地度過他的晚年。

　　在悠長的一生行將終了的時候，瓦特又再度回到了以前那樣可以專心研究的生活。瓦特是技工，是個製造者，同時也是個發明家，他腦子裡已經不再想著盡快把發明的產品送到市場去了。

　　這對於老發明家來說是多麼愉快啊！

　　瓦特在複製希臘女詩人薩福的胸像時，曾把自己關在頂樓裡40個小時。這位將近80歲的老人，把整天的時間，專心於一件工作上。

　　從天窗透進來的微明的光線照在瓦特身上，他一手按在工作臺上，一手安詳地舞動著鑿子。這種情景，讓人有一種神聖的感

安逸的晚年生活

覺呢！即便是在天氣很好的時候，他還是照樣穿上毛衣，圍上皮圍裙努力工作。

1819 年的秋天，瓦特被最後的疾病所襲，當他悟到他的死期即將來臨的時候，他對圍在床邊的一些悲傷的親友說：「大家不要悲傷，是人都會走上這麼一遭，我已經覺悟到這是我最後一次生病了。也許我該去陪我的母親了。」

1819 年 8 月 19 日，詹姆斯·瓦特以 83 歲的高齡在家中逝世。他的遺體埋葬在亨斯華斯教會的墓地，與他相伴一生的摯友博爾頓的墳墓並肩排列。在詹姆斯·瓦特的訃告中，有這樣一段話高度地讚頌了他所發明的蒸汽機：

它武裝了人類，使虛弱無力的雙手變得力大無窮，健全了人類的大腦以處理一切難題。它為機械動力在未來創造奇蹟打下了扎實的基礎，將有助並報償後代的勞動。

1824 年，在紀念瓦特逝世五週年的時候，人們在倫敦有名的威斯敏斯特大教堂內立了一塊紀念碑，以表彰瓦特對人類科學所做出的巨大貢獻。

後來，為了紀念瓦特這位偉大的發明家，人們便把功率的單位定為「瓦特」。

附錄：瓦特年譜

1736 年 1 月 19 日，詹姆斯·瓦特誕生於蘇格蘭的格里諾克鎮。

1753 年，母親艾格尼絲去世。

1754 年，在格拉斯哥市的一家眼鏡店當學徒。

1755 年，離開蘇格蘭，到倫敦學習儀器製造，在師傅莫根處苦學了一年。

1757 年，在格拉斯哥大學開設數學儀器店。

1759 年，開始研究紐科門蒸汽機。

1760 年，與克萊格共同經營商店。修理紐科門蒸汽機模型。

1764 年，和瑪格麗特·米勒結婚。

1765 年，發明透視器，設計分離凝結器。

1766 年，當測量師，照顧家庭。

1767 年，趕赴倫敦，中途轉往伯明罕參觀塞荷製造廠。

1768 年，和羅博克共同經營蒸汽機事業。初次與博爾頓見面。開始製造新的蒸汽機。

1769 年，取得蒸汽機專利權。

1773 年，發明測量用象限儀。

1774 年，移居伯明罕博爾頓家，開始裝配蒸汽機。

1775 年，蒸汽機專利權延長 25 年，與博爾頓共同經營蒸汽機事業。

1776 年，裝置於布倫菲特和普羅斯萊的蒸汽機首次發動。與後妻安結婚。

1777 年，在康沃爾礦山裝設蒸汽機，僱用默多克。

1778 年，發明影印機。在法國裝設蒸汽機。

1780 年，取得影印機專利權。

1782 年，取得旋轉機專利，發明鐵製水泥，發現水的成分。

1784 年，發明平行運動裝置，發明調速器。

1786 年，設立麵粉廠。

1787 年，首次分到蒸汽機事業的股份。

1788 年，發明離心調速器。

1792 年，控告洛亞侵害專利權。

1793 年，控告布爾侵害專利權。

1794 年，長子詹姆斯加入蒸汽機事業，長女珍妮死於肺結核。

1803 年，次子格雷戈里死去。

1809 年，博爾頓去世。

1814 年，申請雕像影印機專利權。

1819 年 8 月 19 日，瓦特 83 歲，溘然長逝。

工業革命之父瓦特：

最窮困的發明家，最富有的時代創造者

編　　著：陳劭芝，胡元斌

發 行 人：黃振庭

出 版 者：崧燁文化事業有限公司

發 行 者：崧燁文化事業有限公司

E-mail：sonbookservice@gmail.com

粉 絲 頁：https://www.facebook.com/
　　　　　sonbookss/

網　　址：https://sonbook.net/

地　　址：台北市中正區重慶南路一段六十一號八
　　　　　樓 815 室

Rm. 815, 8F., No.61, Sec. 1, Chongqing S. Rd.,
Zhongzheng Dist., Taipei City 100, Taiwan

電　　話：(02)2370-3310

傳　　真：(02)2388-1990

印　　刷：京峯彩色印刷有限公司（京峰數位）

律師顧問：廣華律師事務所 張珮琦律師

定　　價：299 元

發行日期：2022 年 09 月第一版

◎本書以 POD 印製

國家圖書館出版品預行編目資料

工業革命之父瓦特：最窮困的發明
家，最富有的時代創造者 / 陳劭芝，
胡元斌編著 . -- 第一版 . -- 臺北市：
崧燁文化事業有限公司 , 2022.09
　　面；　公分
POD 版
ISBN 978-626-332-722-1(平裝)
1.CST: 瓦特 (Watt, James) 2.CST:
傳記
784.18　　111013792

電子書購買

臉書